Anselm Grün

SPIRITUALITÄT

Ein ganzer Mensch sein

HERDER

FREIBURG · BASEL · WIEN

Das vorliegende Buch ist eine überarbeitete und
erweiterte Ausgabe von Anselm Grün,
Ein ganzer Mensch sein. Die Kraft eines reifen Glaubens
© Verlag Herder GmbH, Freiburg im Breisgau 2006

© Verlag Herder GmbH, Freiburg im Breisgau 2011
Alle Rechte vorbehalten
www.herder.de

Bibeltexte sind entnommen aus:
Die Bibel. Die Heilige Schrift
des Alten und Neuen Bundes.
Vollständige deutsche Ausgabe

AΩ
DIE BIBEL

© Verlag Herder GmbH, Freiburg im Breisgau 2005

Umschlagkonzeption und -gestaltung:
Weiß-Freiburg GmbH, Graphik & Buchgestaltung
www.weiss-freiburg.de
Umschlagmotiv: © Comet Photoshopping/Heinz Staffelbach

Layoutkonzept: tiff.any GmbH, Berlin
Satz: tiff.any GmbH, Berlin
Herstellung: fgb · freiburger graphische betriebe
www.fgb.de

Gesetzt aus der Linotype Janson Text Standard
Gedruckt auf umweltfreundlichem, chlorfrei gebleichtem Papier
Printed in Germany

ISBN 978-3-451-06339-8

Inhalt

Einleitung: Meine Lebensspur

Die Herausforderung: Das eigene Leben leben

Reif werden im spirituellen Sinn heißt, dass ich *das einmalige Bild* verwirkliche, das Gott sich von mir gemacht hat. Dieses spirituelle Konzept von Reife fußt auf einem ganz bestimmten Menschenbild. Jeder Mensch – so sagt *Romano Guardini* – ist *ein einmaliges Wort*, das Gott nur über diesen Menschen spricht. Und unsere Aufgabe besteht darin, dieses einzigartige Wort, das Gott nur uns persönlich zugesprochen hat, in unserem Leben in dieser Welt vernehmbar werden zu lassen. Jeder vermag mit seinem Leben etwas von Gott auszudrücken, was nur durch ihn zum Ausdruck gelangen kann. Wenn ich mit meinem Urwort in Berührung bin, dann bin ich stimmig, dann komme ich in Berührung mit meinem wahren Selbst, mit dem ursprünglichen und unverfälschten Bild Gottes in mir.

Ich kann diese Einmaligkeit des Menschen auch mit einem anderen Bild ausdrücken: Jeder Mensch gräbt mit seinem Leben eine Lebensspur in diese Welt, die nur er allein einzugraben vermag. Reif ist der Mensch, der seine *urpersönliche Lebensspur* in diese Welt gräbt, anstatt sich nur nach den Spuren der anderen zu richten.

Als wir in einem Kurs über dieses Bild der Lebensspur sprachen, erzählte mir ein junger Mann vom Skifahren. Er sei mit seinen Skiern durch Neuschnee gefahren und habe dann von oben seine Spur angeschaut. Das habe ihn fasziniert. So könne er sich gut vorstellen, dass er mit seinem Leben in den

Neuschnee dieser Welt seine einmalige Spur eingräbt. Er vergleicht sich dabei nicht mit anderen. Er muss nicht andere Spuren kopieren. Es ist seine Spur, die seinem Wesen entspricht. Er hatte richtig Lust, diese Spur klar und eindeutig in den Neuschnee zu ziehen.

Was ist menschliche Reife?

Das Bild des Reifens kommt vom Wachsen einer Frucht. Reifen ist ein Wachstumsprozess. Reif ist eine Frucht, wenn sie zu dem geworden ist, was sie von ihrem Wesen her sein soll und wenn sie für andere genießbar geworden ist. Reif ist ein Mensch, der sein Wesen entfaltet hat und der zum Segen für andere geworden ist. Reife bedeutet nach Gordon W. Allport die Ausfaltung der Person zur Persönlichkeit. Ich habe alles, was in mir bereit liegt an Fähigkeiten und Möglichkeiten, an Licht- und Schattenseiten, in meine Persönlichkeit integriert.

Reif ist ein Mensch, der in sich stimmig geworden ist, der nicht mehr hin und her gerissen wird von seinen verschiedenen Bedürfnissen und Möglichkeiten. Er hat alles in sich vereint. Er ist ein ganzer Mensch geworden. Er fällt nicht mehr in verschiedene Rollen auseinander, sondern ist mit sich eins geworden. In jedem Menschen steckt eine tiefe Sehnsucht, reif zu werden und alles in sich zu vereinen. Viele fühlen sich heute eher zerstückelt und innerlich zerrissen. Dann sehnen sie sich danach, eins zu werden und ganz.

Reife ist nicht etwas, das man nur für sich selbst entwickelt, sondern immer auch etwas, das für andere einen Genuss darstellt. Die Frucht reift, damit man sie genießen kann. Der Mensch reift, damit andere an seiner Reife teilhaben und sich darüber freuen können. Sich mit einem reifen Menschen zu unterhalten macht Spaß. Sich mit unreifen Menschen herumschlagen zu müssen ist dagegen eher mühsam. So wie man eine reife Frucht gerne genießt, so ist es auch mit einem reifen Menschen. In seiner Nähe fühlt man sich wohl. Die innere Stimmigkeit seiner Persönlichkeit bewirkt auch eine positive Stimmung in der Gruppe, in der er sich befindet. Seine Ganzheit wirkt auch einigend auf andere. Der reife Mensch kreist nicht um sich selbst, sondern antwortet aus der eigenen Mitte heraus auf die Herausforderungen des Lebens und der Situation, in die er gestellt ist.

Was bedeutet Spiritualität?

Glaube und Frömmigkeit wurden nicht immer mit menschlicher Reife in Verbindung gebracht. Als fromm galten früher Menschen, die täglich beteten, die gerne in den Gottesdienst gingen und sich für religiöse Bücher interessierten. Im frühen Mönchtum war Frömmigkeit etwas anderes. Da war nichts Frömmelndes dabei, vielmehr sehr viel Kraft. Die frühen Mönche sprachen von der *militia christi*, vom Kriegsdienst für Christus. In diesem Dienst musste man innerlich wachsen und reifen, damit man zu kämpfen verstand. Es war eine kraftvolle Spiritualität, die die Mönche verkündeten und mit der sie viele junge Männer und Frauen ansprachen.

Die Scharen von jungen Männern, die in die Wüste zogen, um als Mönche zu leben, spürten die Kraft und die Leidenschaft, die in der Gottsuche der Wüstenväter steckten. Man nannte die Mönche damals »Athleten«. Sie waren Kämpfer für Gott. Sie ließen sich herausfordern von ihrer Leidenschaft für Gott. Sie wollten in der Wüste, am dunkelsten Ort der Welt, dem Ort, an dem die Dämonen hausten, gegen die Dämonen kämpfen. Und sie waren überzeugt: Durch ihren Sieg gegen die Dämonen leisteten sie auch einen wesentlichen Beitrag für

*»Abbas Antonios sprach: Gott schickt dem gegenwärtigen Geschlecht
nicht solche Kämpfe wie den Vätern. Er weiß ja, dass es schwach ist
und nicht bestehen könnte.« (Weisung der Väter)*

die Welt. Denn wenn der dunkelste Ort der Welt durch ihren
Sieg heller würde, würde die ganze Welt ein wenig heller und
heiler.

Der spirituelle Weg war im Mönchtum immer auch ein
menschlicher Reifungsweg. Selbsterkenntnis und Gotteserkenntnis gehörten eng zusammen. So sagt der wohl wichtigste Mönchsschriftsteller aus dem 4. Jahrhundert, Evagrius
Ponticus: »Willst du Gott erkennen, lerne vorher dich selbst
kennen.« Evagrius war überzeugt, dass es keine wirkliche
Begegnung mit Gott gibt ohne ehrliche Selbstbegegnung. Spiritualität bedeutete für ihn, dass sich der Mönch erst einmal mit
den Leidenschaften seiner Seele beschäftigte und sein Inneres reinigte, um sich für Gott zu öffnen. Denn Gott möchte in
einem reinen Herzen wohnen. In diesem Sinn interpretierten
die Mönche das Wort Jesu »Selig, die ein reines Herz haben;
denn sie werden Gott schauen« (Matthäus 5,8). Es war harte
und ehrliche Arbeit nötig, um ein reines Herz zu erlangen.

Glauben hatte nichts Infantiles an sich, sondern war eine
Herausforderung an die eigene Lebenskraft, ein Ansporn, persönlich zu wachsen und zu reifen. Der Glaube hatte eine Kraft
in sich, die den Menschen auch menschlich voranbrachte. Von
dieser Kraft eines reifen Glaubens möchte ich in diesem Buch
erzählen.

1 Das Ziel: Ein ganzer Mensch sein

Hilfen auf dem Weg: Hinweise der Psychologen

Was aber ist ein ganzer, ein reifer Mensch? Die verschiedenen psychologischen Schulen geben auf diese Frage eine jeweils andere Antwort.

Psychoanalyse (Sigmund Freud)

Für Sigmund Freud ist der reif, der ein starkes Ich entwickelt, der fähig ist zu genießen und zu verzichten, der sich in der Welt behaupten kann. Und zur Reife gehört, dass ich mich vom Über-Ich befreie, von den inneren Stimmen der Eltern, die mich weiter bestimmen und prägen. Ich soll das Über-Ich erst einmal untersuchen, um unterscheiden zu können, was die Stimmen meiner Eltern und was meine eigenen Stimmen sind. Und dann geht es darum, mein eigenes Gewissen zu entwickeln und zu schärfen.

Zur Reife gehört dabei, dass ich mich nicht einfach nur gegen die Stimmen der Eltern wende, sondern frei werde vom Bestimmtsein durch diese Stimmen. Wenn ich innerlich frei

Sigmund Freud *(1856–1939) war ausgebildeter Arzt für Physiologie und Neurologie und entwickelte aus dem Eingehen auf die Lebensgeschichten psychisch Kranker die sogenannte Psychoanalyse, die in der Dynamik der unbewussten seelischen Prozesse die entscheidende psychologische Triebfeder sieht.*

geworden bin, kann ich auch die positiven Werte der Eltern entdecken und sie für mein Leben verwirklichen. Reif ist nach Freud der, der sich mit dem Unbewussten vertraut gemacht hat, mit den verdrängten Trieben und unterdrückten Bedürfnissen. Freud nennt diesen Bereich das »Es«.

Das Es »ist der dunkle, unzugängliche Teil unserer Persönlichkeit«. Sich mit den Trieben vertraut zu machen, bedeutet nicht, seine Triebe auszuleben, sondern sie zu berücksichtigen und in Freiheit mit ihnen umzugehen. Der Prozess des Reifens schließt für Freud auch ein, dass ich mich immer mehr mit der Realität aussöhne und mich in freier Weise an sie anpasse. Wer noch in infantilen Vorstellungen hängen bleibt, ist unreif und meint, die Wirklichkeit würde sich nach seinen Ideen richten. Die Realitätsanpassung bedeutet einen angemessenen Umgang mit der Wirklichkeit um mich herum. Wenn ich mich auf die Welt einlasse, so wie sie ist, dann werde ich frei von irgendwelchen Ideologien. In der Ideologie zimmere ich mir meine eigene Welt zusammen, um vor der realen auszuweichen. Doch dann lebe ich in einer künstlichen Welt und kann nicht wachsen und reifen.

Humanistische Psychologie

Für die humanistische Psychologie ist der reif, der sich selbst verwirklicht, der seine einmalige Berufung im Lauf seines Lebens entfaltet. Der reife Mensch hat seine eigene innere Wertung entdeckt und handelt ihr gemäß, anstatt sich nach den Erwartungen der anderen zu richten. Er hat seine Persönlichkeit entfaltet und zu seiner Einzigartigkeit gefunden. Er ist in Berührung gekommen mit seiner inneren Quelle, mit den Ressourcen, die ihm von Kindheit an zur Verfügung stehen.

Jeder hat in sich eine Quelle, aus der er schöpfen kann. Es ist einmal die Quelle des Heiligen Geistes, die in ihm sprudelt.

Neben der Verhaltenstherapie und der Psychoanalyse umfasst die
»Humanistische Psychologie« *eine ganze Reihe von Therapie-*
formen. Sie alle sind gekennzeichnet durch die humanistische
Grundannahme, dass Menschsein nicht einfach nur vorgegeben,
sondern aufgegeben ist: »Werde, der du bist«.

Wenn wir mit ihr in Berührung sind, können wir viel arbeiten, ohne zu erschöpfen. Und wir bekommen neue Ideen. Und
wir haben in uns Quellen, die uns von den Eltern mitgegeben
wurden. Der eine hat zum Beispiel von seinen Eltern mitbekommen, dass Probleme lösbar sind. Wenn er aus dieser Quelle
schöpft, vermag er leichter mit den Konflikten umzugehen, die
sich ihm in den Weg stellen, als andere, die das Gefühl haben,
jeder Konflikt raube ihnen ihre ganze Energie. Zur Reife
gehört es, die eigenen Quellen zu entdecken und aus ihnen zu
schöpfen. Wer aus seinen Ressourcen lebt, wächst heran und
blüht auf.

Tiefenpsychologie (Carl Gustav Jung)

Für Carl Gustav Jung bedeutet Reifung, den Weg der Indivi-
duation, der Selbstwerdung zu gehen. Dieser Weg sieht vor,
dass ich vom Ich zum Selbst gelange, zu meinem innersten Per-
sonkern, der Bewusstes und Unbewusstes umschließt, Gött-
liches und Menschliches. Das Ego will sich in der Welt behaupten. Es gehört zur Reifung, ein starkes Ego zu entwickeln.
Doch ich darf nicht beim Ego stehen bleiben, sonst kreise
ich nur um meine eigene Selbstbehauptung. Das Ego könnte
man im Brustbereich ansiedeln. Wer vom Ego geprägt ist, der
muss sich in die Brust werfen und sich nach außen besonders
vorteilhaft präsentieren. Doch das ist eher ein Zeichen von
Unreife.

Carl Gustav Jung *(1875–1961) wandte sich als Mediziner zunächst der Psychoanalyse Freuds zu, entwickelte dann aber eine eigenständige Gestalt der Analytischen Psychologie, vor allem durch Traumanalysen und vergleichende Mythenforschung. Bekannt ist seine Theorie des »kollektiven Unbewussten«, in dem Archetypen, Ur-Bilder, das Grundmuster der seelischen Wahrnehmung prägen.*

Jeder Mensch ist für Jung polar strukturiert: Wir haben in uns Liebe und Aggression, Verstand und Gefühl, Disziplin und Disziplinlosigkeit, Kraft und Schwäche. In der ersten Lebenshälfte leben wir oft einen Pol einseitig. Dann gerät der andere Pol in den Schatten. Wenn wir beispielsweise einseitig den Verstand leben, gerät das Gefühl in den Schatten und wirkt sich dann als Sentimentalität in uns aus, die uns überschwemmt. Der Schatten wirkt oft destruktiv auf uns.

Zur Reifung gehört, dass ich mich mit meinen Schattenseiten aussöhne, mit den Seiten, die ich in der ersten Lebenshälfte übergangen und verdrängt habe. Denn im Schatten liegt für Jung zugleich eine eigene Kraft. Wenn ich den Schatten unterdrücke, fehlt mir ein wesentlicher Aspekt meiner Lebendigkeit. Gerade auf dem spirituellen Weg sind wir oft in Gefahr, uns mit einem hohen Idealbild zu identifizieren. Das führt dann dazu, dass wir unsere weniger idealen Seiten wie Aggressionen, Sexualität und andere vitale Bedürfnisse verdrängen. Wir merken dann gar nicht, wie die unterdrückte Aggression sich in der Unduldsamkeit gegenüber anderen Menschen ausdrückt oder unsere verdrängte Sexualität sich in der Eitelkeit zeigt, mit der wir unsere spirituellen Erfahrungen vor anderen präsentieren, oder in der Brutalität, mit der wir gegen uns selbst oder andere vorgehen.

Je höher die Ideale, desto tiefer der Schatten. C. G. Jung empfiehlt daher genau wie die frühen Mönche die Demut als

Das Ziel: Ein ganzer Mensch sein

eine entscheidende Tugend. Die Demut verlangt, dass wir unsere Schattenseiten ehrlich anschauen und uns mit ihnen aussöhnen. Demut ist der Mut, hinabzusteigen in die Abgründe unserer Seele, in denen all das Verdrängte haust und darauf wartet, von unserem Bewusstsein erlöst zu werden, indem wir uns ihm liebevoll zuwenden.

Zur Reifung gehört nach C. G. Jung auch, dass wir *anima* und *animus* in uns integrieren. Jeder Mensch – so meint Jung – habe in sich *anima* und *animus*, weibliche und männliche Seelenkräfte. *Animus* meint Tatkraft, Verstand, Wille, Ideale, Kreativität, aber auch im negativen Sinn Sturheit und Tyrannei. *Anima* steht für Mütterlichkeit, Zärtlichkeit, Gefühl, Beziehungsfähigkeit, Wachstum, das Bergende und Pflegende. Im negativen Sinn bezeichnet *anima* das Verschlingende, die Amazone oder die Intrigantin. Normalerweise projiziert der Mann seine *anima* in der ersten Lebenshälfte auf die Frau und die Frau ihren *animus* auf den Mann. Aber spätestens in der zweiten Lebenshälfte ist es an der Zeit, die Projektion zurückzunehmen und *anima* und *animus* in sich selbst zu integrieren. Nur so wird der Mann zum ganzen Mann und die Frau zur ganzen Frau. Wenn ein Mann seine *anima* nicht integriert, zeigt sie

»Ich weiß, dass ich offenbar mit einer an sich unbekannten Größe konfrontiert bin, die ich in consensu omnium Gott nenne. Ich gedenke Seiner, ich rufe Ihn an, wann immer ich mich Seines Namens bediene, in Zorn oder in Angst, und wann immer ich unwillkürlich sage: O Gott. (…) Insofern der Ursprung dieser Schicksalsmacht meinem Einfluss entzogen ist, nenne ich sie in ihrem negativen wie in ihrem positiven Aspekt, der Tradition entsprechend, Gott. Ich nenne sie einen persönlichen Gott, da mein Schicksal im eigentlichen Sinn auch mich selbst darstellt, vor allem wenn jene Macht in Gestalt des Gewissens an mich herantritt als eine vox Dei, mit der ich sogar sprechen und mich auseinandersetzen kann.« (Aus einem Brief von C. G. Jung)

sich in der Launenhaftigkeit oder auch im Hang zum Alkohol. Wenn eine Frau den *animus* nicht integriert, drückt er sich in Rechthaberei aus; sie muss dann immer das letzte Wort haben. Wenn der Mann seine *anima* integriert hat, hat er es nicht mehr nötig, die Frau zu entwerten. Er achtet sie vielmehr und erfährt von ihr Inspiration. Die Frau, die ihren *animus* in sich entfaltet, wird nicht mehr gegen den Mann kämpfen, sondern sich von ihm befruchten lassen.

Auch auf dem spirituellen Weg brauchen wir die Integration von *anima* und *animus*. Wenn Religion einseitig weiblich geprägt ist, dann wenden sich Männer davon ab. Männer brauchen auch die männlichen Aspekte der Religion wie Askese, Ekstase, Klarheit, Schweigen. Frauen stoßen sich oft an einer zu männlichen Sprache der Liturgie. Sie sehnen sich danach, dass auch weibliche Gottesbilder vorkommen. Wenn sich Frauen an jedem männlichen Gottesbild stoßen und ihre eigene Empfindlichkeit zelebrieren, wenn Männer auf ihre Macht in der Kirche pochen und dabei Frauen entwerten, ist das kein Zeichen von Reife, sondern von einem unreifen Geschlechterkampf, der auf mangelnde Integration von *anima* und *animus* schließen lässt. Im frühen Mönchtum gab es Mönchsväter und Mönchsmütter. Und beide achteten sich gegenseitig. Beide waren fasziniert vom spirituellen Weg und rangen auf diesem Weg um die Weisheit und um Durchlässigkeit für Gott.

Die letzte Stufe des Reifungsweges besteht nach C. G. Jung darin, zum innersten Selbst vorzustoßen. Das gelingt nur, wenn wir auch das Gottesbild in uns integrieren. Zur Ganzwerdung des Menschen gehört daher auch das Zulassen der religiösen Dimension. Ohne die religiösen Symbole zu berücksichtigen, kommt der Mensch nicht zu seinem wahren Selbst. Jung spricht als Psychologe und nicht als Theologe. Er spricht von Gott als dem Urbild, als Archetyp der Seele. Aber er persönlich glaubt auch an Gott und ruft ihn an. Ja, er sagt sogar: Er brauche nicht an Gott zu glauben, er wisse um ihn. »Ich weiß, dass es um eine universale Erfahrung geht, und da ich keine Ausnahme bin, weiß ich, dass auch ich eine solche Erfahrung besitze, die ich Gott nenne.« Das Ziel der Menschwerdung ist es, mit dem Selbst in Berührung zu kommen und immer mehr »Selbst« zu werden. Das Selbst bei Jung entspricht dem ursprünglichen und unverfälschten Bild, das Gott sich von jedem einzelnen Menschen gemacht hat.

Das Modell der Generativität (Erik Erikson)

Erik Erikson, ein amerikanischer Psychologe, hat ein anderes Modell der Reifung entwickelt. Für ihn sind Intimität, Generativität und Ich-Integrität Zeichen menschlicher Reife. Zur Reife gehört, dass ich mich auf das Wagnis der Intimität einlasse, dass ich fähig bin zu guten menschlichen Beziehungen. Die Voraussetzung dafür ist allerdings ein sicheres Selbstgefühl. Ich brauche ein Gespür dafür, wer ich selbst bin. Ohne klare Identität geraten wir in der Begegnung mit anderen Menschen häufig in Abhängigkeit oder Hörigkeit.

Das sehen wir gerade auf dem religiösen Gebiet oft, wenn Menschen einen Priester oder geistlichen Autor anhimmeln und ihn als »Guru« verehren. Da projizieren sie ihre eigenen verdrängten Bedürfnisse in den Guru und machen sich von ihm abhängig. So bleiben sie in der Unreife stecken. Andere haben viele Kontakte, aber keine wirklichen Beziehungen. Sie

Erik Erikson *(1902–1994) stammt aus Frankfurt und machte sich später in Wien mit der Psychoanalyse vertraut. Er praktizierte nach der Emigration in die Vereinigten Staaten vor allem als Analytiker für Kinder und Jugendliche. Berühmt wurde Erikson für sein acht Phasen umfassendes Modell des Lebenszyklus.*

»Integrität bedeutet die Annahme seines einen und einzigen Lebens-
zyklus und der Menschen, die in ihm notwendig da sein mussten und
durch keine anderen ersetzt werden können.« (Erik Erikson)

sind unfähig zu wahrer Freundschaft, in der sie ihr Herz dem
Freund oder der Freundin öffnen.

Generativität definiert Erikson als »das Interesse an der
Erzeugung und Erziehung der nächsten Generation«. Sie ist
auf das Kind gerichtet, aber ebenso gut auch auf eine schöpfe-
rische Leistung. Beim generativen Menschen fließt das Leben.
Er hat Lust daran, Visionen für die Zukunft zu entwickeln und
daran zu arbeiten. Wem die Generativität fehlt, der kreist um
sich selbst. Erikson meint, ein solcher Mensch sei sein eigenes
Kind und würde sich selbst verwöhnen. Aber es geht von ihm
nichts aus. Sein Leben wird unfruchtbar. Manche Formen von
Spiritualität atmen diese Unfruchtbarkeit. Da geht es nur um
das Sich-Wohlfühlen. Man bleibt auf einer kindlichen Ebene
stehen und kreist um sich selbst und seine religiösen Gefühle.
Aber man weigert sich, für diese Welt Verantwortung zu übernehmen und sie mitzugestalten.

Den seelischen Zustand der Integrität beschreibt Erikson so: »Er bedeutet die Annahme seines einen und einzigen
Lebenszyklus und der Menschen, die in ihm notwendig da sein
mussten und durch keine anderen ersetzt werden können. Er
bedeutet eine neue, andere Liebe zu den Eltern, frei von dem
Wunsch, sie möchten anders gewesen sein, als sie waren, und
die Bejahung der Tatsache, dass man für das eigene Leben
allein verantwortlich ist.« In manchen spirituellen Kreisen ist
es heute modern, an die Reinkarnation zu glauben. Für Erikson ist das Verweigerung der Integrität. Integrität entsteht nur,
wenn ich dieses eine Leben, das mir gegeben ist, annehme und
gestalte und mich auf die Begrenztheit meines Lebens einlasse. Nur wenn ich ja sage zu diesem einen Leben, das Gott

Das Ziel: Ein ganzer Mensch sein

mir geschenkt hat, werde ich an diesem Leben bewusst bauen und mich mit meinen Grenzen aussöhnen und innerhalb dieser Grenzen das zur Entfaltung bringen, was in mir steckt.

Initiatische Therapie (Karlfried Graf Dürckheim)

Für mich persönlich ist auf meinem menschlichen und spirituellen Reifungsweg die Begegnung mit Graf Dürckheim wichtig geworden. Dürckheim war Psychotherapeut. Als Christ ist er dem Zen-Buddhismus begegnet und hat versucht, auf dem Hintergrund des Zen-Weges und der Jungschen Psychologie die sogenannte *initiatische Therapie* zu entwickeln. Initiare heißt eigentlich »den Weg zum Geheimen öffnen«. Das Geheime, in das uns der initiatische Weg einweihen soll, ist »die uns immanente Transzendenz, der uns innewohnende Christus«, wie Dürckheim es nennt, oder auch unser »Wesen«. Wir sind in Berührung mit unserem Wesen, wenn wir unser Ego, das sich nur behaupten will, loslassen und durchlässig werden für das Sein, für Gott. Das Ziel der *initiatischen Therapie* ist die Verwandlung des Menschen zu dem, der das überweltliche Sein bezeugt, »die Verwandlung des ganzen Menschen zur Transparenz«, so Dürckheim in seinem Buch *Erlebnis und Wandlung*. Der Weg zu dieser Verwandlung geht über den Leib, über die Meditation und über die sogenannte Leibarbeit, in der der Leib seine Verkrampfungen und Fixierungen loslässt und durchlässig wird für das Wesen, für das Göttliche.

Auf dem Weg zu seinem Wesen begegnet der Mensch seinen Grundnöten, die mit seiner Existenz gegeben sind. Es sind die Grundnöte »des Todes, des Absurden und der totalen

Karlfried Graf Dürckheim *(1896–1988) ist der Begründer der »initiatischen Therapie« und Pionier der an der Psychologie Carl Gustav Jungs orientierten Zen-Bewegung westlicher Prägung.*

»Endlich entsteht aus eigentlich menschlicher Reife, dem Einswerden des Welt-Ichs mit dem Wesen, als Frucht: der zur Transparenz verwandelte Mensch, der, wahrhaft Person geworden, Christus hindurchtönen lassen kann – ihm selbst vernehmbar, aber schöpferisch-erlösend auch hintönend in seinen Umkreis.« (Karlfried Graf Dürckheim)

Einsamkeit«. Graf Dürckheim nennt es Nachfolge Christi, sich diesen Grundnöten zu stellen und dabei das Kreuz der eigenen Menschwerdung anzunehmen, die nur über das Loslassen des Welt-Ichs möglich wird. Das Welt-Ich klammert sich an weltliche Sicherheit. Doch das spirituelle Selbst, zu dem der Mensch vordringen sollte, ist durchlässig für Gott, »durchtönend für Christus«.

Ob jemand durchlässig für Gott ist, das können wir am Leib feststellen. Wenn einer sich in seinen Schultern festhält, dann drückt er damit seine Angst aus. Er kann noch so sehr seinen Glauben mit Worten bezeugen, in seinem Innersten glaubt er nicht. Er setzt sein Vertrauen nicht auf Gott. Er hält sich an sich selbst fest. Offensichtlich hat er Angst, sich Gott zu überlassen. Ich bin immer skeptisch, wenn einer sein Vertrauen in Gott in allzu starken Worten ausdrückt. Ich schaue mir dann den Menschen genau an und sehe oft, wie verkrampft er ist, wie er sich innerlich an etwas festklammert, das nicht Gott ist. Denn wenn er Gott vertrauen würde, würde ich das in seinem Leib wahrnehmen, an seiner Lockerheit und Gelassenheit erkennen.

Wenn einer kein Gespür für seinen Leib hat, ist er nicht wirklich reif geworden. Ob einer reif ist, das erkennen wir an seinem Stehen, an seinem Gang, an seiner Stimme, an allem, was er leibhaft zum Ausdruck bringt. Wenn einer sein Ego darstellen will, hat er seinen Mittelpunkt in der Brust. Er möchte sich beweisen. Andere sind kopflastig. Von ihnen sagt Dürckheim in dem eben schon erwähnten Buch: »Wo beispielsweise

»Der selige Altvater Paulos der Einfältige, Schüler des heiligen Antonios, erzählte den Vätern folgende Begebenheit: Einmal war ich in einem Kloster zur Visitation und zum geistlichen Nutzen der Brüder. Nach der üblichen gegenseitigen Besprechung gingen sie in die heilige Kirche Gottes und wollten den herkömmlichen Dienst verrichten. Der selige Paulus, sagte er, betrachtete jeden der in die Kirche Eintretenden, mit welcher Seelenverfassung er zur Versammlung komme. Es war ihm nämlich vom Herrn die Gabe gewährt, dass er jeden sehen konnte, wie er in der Seele war, so, wie wir einander ins Gesicht schauen.« (Weisheit der Väter)

der Mensch seine Kopflastigkeit nicht in seiner leibhaften Mitte aufzuheben vermag, bleibt seine Verwandlung meist Einbildung. Nur der in seine Mitte ›Gelassene‹ kann frei werden von Angst. Der Schwerpunkt zu weit oben ist Ausdruck eines immer um seine Position besorgten, d. h. ohne Grundvertrauen lebenden und daher für die Angst anfälligen Ichs.«

Transpersonale Psychologie (Abraham Maslow)

Abraham Maslow gilt als Begründer der sogenannten *transpersonalen Psychologie*. Sie geht davon aus, dass der Mensch nicht nur seine Grundbedürfnisse nach Sicherheit, Essen und Trinken, Sexualität, Macht und Erfolg befriedigen muss, sondern auch seine spirituellen Bedürfnisse oder Metabedürfnisse, wie Maslow sie nennt. Solche Metabedürfnisse sind das Bedürfnis nach spiritueller Erfahrung, nach Bewusstseinserweiterung, nach Gott. Doch nur der Mensch, der gut mit seinen Grundbedürfnissen umgeht, wird auch die spirituellen Bedürfnisse auf

Abraham Maslow *(1908–1970) ist der Begründer der »transpersonalen Psychologie«. Er gründete 1962 zudem die »Amerikanische Gesellschaft für Humanistische Psychologie«.*

reife Weise leben. Andernfalls würden sie für ihn zur Flucht vor der Wirklichkeit seines Alltags.

Daher beschreibt Maslow den reifen Menschen so: »Er hat ein Gefühl der Zugehörigkeit und Verwurzelung, sein Bedürfnis nach Liebe ist befriedigt, er hat Freunde und fühlt sich geliebt und liebenswert, er besitzt einen Status und einen Platz im Leben und wird von anderen geachtet, sein Selbstwertgefühl und seine Selbstachtung sind ausreichend ausgebildet.« Wir dürfen allerdings nicht bei einem guten Selbstwertgefühl stehen bleiben. In uns sind noch andere Bedürfnisse.

Wir sehnen uns nach Gott, nach Gotteserfahrung, nach Einssein mit Gott und mit der ganzen Schöpfung. Wer diese Metabedürfnisse lebt, wird frei vom Kreisen um sich selbst. Er übernimmt für andere Verantwortung. Maslow zählt folgende Kennzeichen für einen reif gewordenen Menschen auf: »Das Bewusstsein der Eigenverantwortung für die eigene Erfahrung und das eigene Wohlergehen; oder mehr Sensibilität gegenüber anderen, erkennbar an mehr Liebe, Mitgefühl und Großzügigkeit; ein tiefes Empfinden für das Mysterium des Lebens, das sich in Staunen, Ehrfurcht, Dankbarkeit und ökologischem Gespür niederschlägt; und nicht zuletzt die rückhaltlose Teilnahme am Leben, in dem man sich allen Freunden und allem Kummer des menschlichen Daseins öffnet.« In diesen Worten spürt man die Einheit von menschlicher und spiritueller Reife.

Wenn sich Menschen auf einen spirituellen Weg machen, der den Weg der Menschwerdung überspringt, dann entwickeln

»Der reife Mensch hat ein Gefühl der Zugehörigkeit und Verwurzelung, sein Bedürfnis nach Liebe ist befriedigt, er hat Freunde und fühlt sich geliebt und liebenswert, er besitzt einen Status und einen Platz im Leben und wird von anderen geachtet, sein Selbstwertgefühl und seine Selbstachtung sind ausreichend ausgebildet.« (Abraham Maslow)

sie eine Spiritualität, die nur ihre Unreife bestätigt. Ihre Spiritualität macht auf andere oft einen peinlichen Eindruck. Sie sprechen von Gott in einer Weise, die dem ganz anderen Gott nicht gerecht wird. Sie ziehen Gott in ihre infantile Haltung hinab. Gott bleibt für sie auf der gleichen Ebene wie Vater und Mutter. Sie schwärmen von der Geborgenheit, die sie in Gott erfahren. Aber sie kreisen nur um sich. Sie haben kein Gespür für die Menschen und ihre Nöte. Sie sind taub für die Fragen der Zeit. Damit unsere Spiritualität auch andere berührt und in ihnen ihre spirituelle Sehnsucht weckt, braucht es die Verbindung von menschlicher und spiritueller Reife.

Selbsterkenntnis als spirituelle Aufgabe

Das frühe Mönchtum hat diese innere Verbindung zwischen menschlicher und spiritueller Reife gesehen und gelebt. Da ging der Weg zu Gott über den ehrlichen Weg der Selbstbegegnung. Ohne Selbsterkenntnis – so sagt Evagrius Ponticus – gibt es keine Gotteserkenntnis. Da würden wir nur unsere infantilen Wünsche in Gott hineinprojizieren. Aber wir würden nie dem wirklichen Gott begegnen.

Der Prozess der Reifung geht im Mönchtum über den Weg wachsender Gottesbegegnung und wachsender Selbstbegegnung. Je mehr ich Gott begegne, desto mehr werde ich auch mit mir selbst konfrontiert. Und umgekehrt: Je mehr ich

»Sollte ein Mensch aus eigener Erfahrung die schlimmen Dämonen kennenlernen und sich mit ihrer Kunst vertraut machen wollen, rate ich ihm gut, seine Gedanken zu beobachten. (...) Dann sollte er Christus bitten, ihm all das zu erklären, was er beobachtet hat. Die Dämonen sind nämlich vor allem über die wütend, die mit solchen Erkenntnissen ausgerüstet die Tugend üben.« (Evagrius Ponticus)

mich selbst kennenlerne, desto mehr spüre ich, dass in mir eine tiefe Gottessehnsucht ist, die gestillt werden will. Der Reifungsweg ist im Mönchtum vor allem ein Verwandlungsweg. Indem der Mönch alle Bereiche seines Leibes und seiner Seele, seines Bewussten und Unbewussten Gott hinhält, kann Gottes heilender Geist in sie eindringen und sie verwandeln.

2 Was uns abhält: Hindernisse auf dem Weg zu einer reifen Spiritualität

Es gibt viele Hindernisse auf unserem Weg zu einem reifen Glauben, einer Spiritualität, die uns gemäß ist und uns zu einem ganzen Menschen werden lässt. Es sind Hindernisse, die in der Lebensgeschichte des Einzelnen liegen, die in der Erziehung begründet sind oder in der Umgebung, in der jemand aufgewachsen ist. Und es gibt Hindernisse, die in einer *falschen religiösen Verkündigung* ihren Grund haben. Wenn Gott uns in einer infantilen oder aber auf Angst machende Weise verkündet wurde, dann haben wir ein Hindernis auf unserem Weg, durch unsere Spiritualität zu einer reifen Persönlichkeit zu wachsen.

Nicht jeder, der einen »festen Glauben« hat, ist auf seinem Glaubensweg auch menschlich gereift. Der Mangel an menschlicher Reife drückt sich dann aber auch in einem unreifen Glauben aus. Man sagt zwar, man würde an Gott glauben, aber dieser Glaube hat weder den Leib noch die Seele verwandelt. Man sieht es einem verklemmten Menschen an, dass sein Glaubensbekenntnis nicht seiner wirklichen Verfassung entspricht. Oder man spürt bei einem allzu euphorisch Glaubenden, dass er mit seiner Euphorie nur seine mangelnde Reife überspringt.

Ich möchte im Folgenden drei Hindernisse auf unserem Weg zu einem reifen Glauben beschreiben.

Das erste Hindernis:
Angst vor der Welt und Gott als Droge

Das erste Hindernis ist eine *infantile Frömmigkeit*. Sie zeichnet sich dadurch aus, dass die kindlichen Erfahrungen mit den Eltern auf Gott projiziert werden. Für das Kind ist es normal, dass es die Erwartungen an die Eltern auf Gott projiziert. Das ist für das Kind sogar ein guter Weg, von der Abhängigkeit von den Eltern frei zu werden. Es spürt, dass die Eltern nicht alles sind. In den ersten Jahren sind die Eltern für das Kind wie Gott. Wenn Gott über den Eltern steht, dann kann sich das Kind von den Eltern lösen. Doch Gott ist nicht auf der gleichen Ebene wie Vater und Mutter.

Infantil ist eine Frömmigkeit, die Gott auf die Ebene von Vater und Mutter herabzieht und die affektiven Gefühle zu Vater und Mutter auf die Beziehung zu Gott überträgt. Ich kann nur dann eine reife Beziehung zum väterlichen und mütterlichen Gott gewinnen, wenn ich innerlich frei geworden bin vom leiblichen Vater und von der leiblichen Mutter. Wenn ich Menschen auf infantile Weise gebrauche und von ihnen völlig abhängig bin, dann wird auch meine Beziehung zu Gott infantil.

Der französische Psychotherapeut Marc Oraison meint: »Man kann nur wirklich Gott gegenüber ein Kind sein, wenn man den Menschen gegenüber in ausreichendem Maße erwachsen ist.« Wer aber auch als Erwachsener infantil geblieben ist, der beeinträchtigt damit auch seine Beziehung zu Gott.

»Man lebt ohne eine gewisse Gefährdung seiner geistigen Gesundheit nicht zu lange in der infantilen Umgebung respektive im Schoße der Familie. Das Leben ruft den Menschen hinaus zur Selbstständigkeit, und wer diesem Ruf aus kindlicher Bequemlichkeit und Ängstlichkeit keine Folge leistet, wird durch die Neurose bedroht.« (Carl Gustav Jung)

Er wird unerfüllte Erwartungen seiner Kindheit auf Gott projizieren und dadurch in seiner Infantilität stecken bleiben.

Gott schenkt uns Heimat und Geborgenheit. Er ist wie eine liebende Mutter, bei der wir uns bergen dürfen. Aber Gott ist auch der Exodus-Gott, der uns herausführt aus inneren Abhängigkeiten und uns in die Wüste führt, damit wir dort uns selbst begegnen und frei werden von infantilen Wünschen. Das Ziel des Auszugs aus Ägypten, aus dem Land der inneren und äußeren Gefangenschaft, ist das »Gelobte Land«, das Land, in dem wir ganz wir selbst sind, frei, unabhängig, unser Leben selbst gestaltend.

Ein gesundes Gottesbild entwickeln wir nur, wenn wir immer beide Pole Gottes betonen: Gott als liebender Vater und bergende Mutter und Gott, der uns herausfordert, der uns in die Welt sendet, damit wir diese Welt gestalten und erobern, damit wir den Geist Jesu bis an die Enden der Welt tragen. Die Jünger Jesu hatten in ihrem Glauben beide Pole Gottes präsent. Sie, die einfachen Fischer vom See Gennesaret, setzten ihr kindliches Vertrauen auf Gott und zogen in diesem Vertrauen in die Welt, stellten sich den Gefahren und bezeugten ihren Glauben im Martyrium.

Wenn wir uns Gott einseitig als den bergenden und sanften Gott vorstellen, dann sind wir in Gefahr, unsere Abhängigkeit von der Mutter auf Gott zu übertragen. Gott wird dann manchmal zur Ersatzmutter. Und wir bleiben ewig Kinder. Gott wird gleichsam zu einer Droge. Drogen zu nehmen ist ja auch der Versuch, für immer im »Nest« der Mutter zu bleiben. Sucht ist Mutterersatz. Gott darf nicht zur Droge werden, sonst wird unsere Beziehung zu ihm nie reif sein. Gott ist das Ziel unserer Sehnsucht. Gott allein vermag unsere Sehnsucht zu erfüllen. Aber wenn wir süchtig nach Gott sind beziehungsweise nach den Gefühlen, die wir mit ihm verbinden, dann wird Gott zur Droge. Er wird uns nicht befreien von menschlichen Abhängigkeiten. Und er wird uns nicht helfen, uns auf das Leben mit seinen Herausforderungen einzulassen. Wenn ich jedoch mit meiner Sehnsucht nach Gott in Berührung bin, dann kann ich Ja sagen zu meiner Durchschnittlichkeit und zu den oft banalen Anforderungen des Alltags. Dann befreit mich Gott zum Leben. Gott als Droge nebelt mich dagegen in eine illusionäre Gefühlswelt ein.

Viele berufen sich in ihrer infantilen Frömmigkeit auf das Wort Jesu: »Wenn ihr nicht umkehrt und werdet wie die Kinder, könnt ihr nicht in das Himmelreich kommen« (Matthäus 18,3). Doch Jesus meint mit diesem Wort nicht, dass wir infantil bleiben sollen. Vielmehr sollen wir die Haltung der Kinder lernen, die offen sind für das Neue, die bereit sind, sich auf Neues einzulassen, ohne zu sagen: »Wir wissen ja schon alles.« Es braucht nicht die Unreife der Kinder, sondern ihre Offenheit und ihre Freiheit von Vorurteilen, um ein Gespür für das Reich Gottes zu bekommen. Und es braucht das Vertrauen des Kindes, um mitten in einer Welt, in der wir alles in den Griff bekommen wollen, zu erahnen, dass es noch etwas anderes gibt, auf das wir unsere Hoffnung setzen dürfen.

Das kindliche Vertrauen, von dem Jesus auch selbst im Gebet spricht und zu dem er uns einlädt, ist nicht infantil. Es ist vielmehr ein Vertrauen, in dem ich mein Innerstes Gott gegenüber öffne und Gott auch meine Ohnmacht und Hilflosigkeit hinhalte. Jesus will uns mit seinem Wort zur Umkehr, zur *metanoia*, das heißt auf Deutsch: zum Umdenken auffordern. Das Ziel dieser Umkehr ist ein anderes Denken, ein Denken, in dem Gott Platz hat. Reich Gottes meint, dass Gott in uns herrscht. In vielen Erwachsenen herrschen ihre Vorurteile oder ihre Bedürfnisse oder ihre Lebensängste. Damit Gott in uns herrschen kann, braucht es die Bereitschaft, sein Herz

»Wenn ihr nicht umkehrt und werdet wie die Kinder, könnt ihr nicht in das Himmelreich kommen.« (Matthäus 18,3)

zu öffnen und Gott einziehen zu lassen. Wenn Gott in uns herrscht, dann bleiben wir nicht infantil. Vielmehr werden wir ganz wir, wahrhaft frei und wahrhaft wir selbst.

In manchen religiösen Liedern und Gebetstexten begegnen wir einer infantilen Frömmigkeit. Sie ist zu unterscheiden von einem kindlichen Vertrauen in Gott. Das kindliche Vertrauen führt Erwachsene dazu, dass sie sich ihrer Verantwortung für die Welt stellen. Die infantile Frömmigkeit dagegen bleibt unfruchtbar für diese Welt. Da geht es immer nur um schöne Gefühle. Man möchte sozusagen unter sich bleiben und von Gott schwärmen. Aber man lässt sich von Gott nicht in die Welt schicken, um sie zu gestalten und zu formen.

Infantile Fromme haben Angst, durch die Auseinandersetzung mit der Welt verletzt zu werden. Da bleiben sie lieber im sicheren Nest frommer Gefühle sitzen. Ihre Infantilität drückt sich vor allem darin aus, dass sie die Verantwortung für sich selbst und für ihr Leben verweigern. Weil sie für sich selbst keine Verantwortung übernehmen, sind sie auch nicht bereit, in der Welt Verantwortung für andere zu übernehmen. Pascal Bruckner hat als wesentliches Kennzeichen unserer Zeit die Infantilität gesehen. Der Mensch der Zukunft ist ein alterndes Riesenbaby mit Riesenerwartungen an die Gesellschaft. Aber er weigert sich, Verantwortung zu übernehmen. Wir dürfen in unserer Spiritualität diese krankmachende Tendenz unserer Gesellschaft nicht rechtfertigen, indem wir den Menschen eine infantile Frömmigkeit anbieten.

Das zweite Hindernis:
Triebverdrängung und Perfektionismus

Das zweite Hindernis auf dem Weg zu einem reifen Glauben ist eine *neurotische Frömmigkeit*. Die Neurose ist ein misslungener

Versuch, unbewusste infantile Konflikte zu verarbeiten und zu lösen. Viele Neurosen entstehen in der Kindheit, wenn das Kind zum Beispiel emotional überfordert wird und in einen inneren Konflikt gerät. Es spürt die Verletzung durch die Eltern. Aber es vermag seine Aggressionen und Triebe, seine Bedürfnisse und Emotionen nicht angemessen auszudrücken. Denn damit würde es ja die Eltern kränken, die sich so um es sorgen.

Neurotische Lebensmuster entstehen durch die Unfähigkeit, das zu leben, was in mir steckt. Sie führen zu tiefen und anhaltenden Störungen im emotionalen Bereich und hindern uns daran, zu uns selbst Ja zu sagen.

Neurosen fixieren uns auf die Verletzungen der Kindheit. Wir kommen nicht mehr von ihnen los. In alle unsere Erfahrungen mischen sich die unbewältigten Konflikte und die traumatischen Verwundungen aus der Kindheit. Neurosen können auch dadurch entstehen, dass der Erwachsene aktuelle Konflikte dadurch zu lösen versucht, dass er sie verdrängt.

Für C. G. Jung sind Neurosen Ersatzleiden. Weil ich nicht bereit bin, das notwendige Leiden an meiner Endlichkeit zu akzeptieren, flüchte ich mich in Ersatzleiden. Ich möchte meine Ängste und Schwächen nicht wahrhaben. Also flüchte ich mich in Zwänge, in denen ich anscheinend alles kontrollieren kann, in Wirklichkeit aber von Neuem abhängig werde und

»Ich habe oft gesehen, dass Menschen neurotisch werden, wenn sie sich mit ungenügenden oder falschen Antworten auf die Fragen des Lebens begnügen. Sie suchen Stellung, Ehre, Reputation und äußeren Erfolg und Geld und bleiben unglücklich und neurotisch, auch wenn sie erlangt haben, was sie suchten. Solche Menschen stecken meist in einer zu großen geistigen Enge. Ihr Leben hat keinen genügenden Inhalt, keinen Sinn. Wenn sie sich zu einer umfassenderen Persönlichkeit entwickeln können, hört meist auch die Neurose auf.« (Carl Gustav Jung)

in ein inneres Gefängnis gerate. Weil ich meine Verletzlichkeit nicht annehme, versuche ich unempfindlich zu werden. Doch dann spüre ich gar nichts mehr. Weil ich mich nicht damit aussöhnen kann, dass ich krank werde und sterbe, flüchte ich mich in Allmachtsfantasien oder aber in eine hypochondrische Haltung, die überall Krankheitskeime wittert.

Neurotische Lebensmuster können sich auch in einer neurotischen Frömmigkeit ausdrücken. Dabei können wir oft nicht sagen, was zuerst da war: das neurotische Lebensmuster, das die Frömmigkeit verfälscht, oder eine neurotische Frömmigkeit, die auch unser Menschsein infiziert. Es gibt auch sogenannte »ekklesiogene«, das heißt auf Deutsch: durch Kirchenerfahrung entstandene Neurosen, also solche, die gerade durch das kirchliche Milieu ausgelöst wurden. Wenn jemand in einer leibfeindlichen Atmosphäre aufgewachsen ist, in der Sexualität verpönt und tabuisiert war, dann hat das oft zu neurotischer Angst vor Sexualität und Vitalität geführt. Die ekklesiogene Neurose zeigt sich häufig in besonders starken Schuldgefühlen gegenüber sexuellen Fantasien und Gedanken. Manche Menschen fühlen sich schon schuldig und oft sogar schon verdammt, sobald sie in sich eine sexuelle Fantasie aufkommen spüren. Oft führt das dann zu sexuellen Ausweichhandlungen wie zwanghafter Selbstbefriedigung oder auch zu Zwangsvorstellungen. Es gibt Menschen, die können weder ein Kreuz anschauen noch dem Priester beim Zelebrieren zuschauen, ohne von sexuellen Fantasien überschwemmt zu werden. Ein anderer Ausdruck solcher Frömmigkeitsneurosen sind depressive Verstimmungen. Weil man dem eigenen religiösen Idealbild nicht entspricht, reagiert die Seele mit Depression. Oft sind solche Menschen dann völlig verzweifelt, weil ihr Kampf um das Besserwerden vergeblich zu sein scheint.

Die Neurose muss nicht zur neurotischen Frömmigkeit führen. Vielmehr kann eine gesunde Spiritualität durchaus eine

Hilfe sein, von neurotischen Mustern loszukommen. Aber das gelingt nur durch eine Spiritualität, die die ganze Wahrheit des Menschen anschaut und sie Gott hinhält. Zur Demut gehört es, gerade auch die neurotischen Züge der eigenen Persönlichkeit Gott hinzuhalten. Dann kann man in der Neurose auch einen Selbstheilungsversuch der Seele sehen. Sie lädt mich ein, mich vor Gott bedingungslos anzunehmen. Neurose entsteht immer, wenn ich wesentliche Bereiche in mir nicht wahrnehmen möchte. Wenn ich dagegen meine Neurose ins Licht Gottes halte, kann ich erkennen, was sie mir sagen möchte: Sie möchte mir sagen, dass ich auch zu den Bereichen in mir Ja sage, die nicht in mein Idealbild von mir selbst passen.

Eine neurotische Frömmigkeit zeigt sich darin, dass man Konflikten ausweicht, die das Leben notwendigerweise mit sich bringt. Da ist einer nicht bereit, den Konflikt zwischen seinen Trieben und seiner spirituellen Sehnsucht auszuhalten oder den Konflikt zwischen seinen Gefühlen und den Normen, die ihm von außen begegnen. Die neurotische Frömmigkeit zeichnet sich durch Verdrängung und durch Abspaltung aus. Verdrängung hat immer in der Angst ihre Ursache. Weil ich Angst habe vor meinen eigenen Aggressionen oder meiner Sexualität, verdränge ich sie.

Eine Form der Verdrängung ist die Verteufelung. Aggressionen und Sexualität sind schlecht. Daher will ich nichts damit zu tun habe. Doch was ich verdränge, das wirkt sich in

»Eine Neurose ist dann wirklich ›erledigt‹, wenn sie das falsch eingestellte Ich erledigt hat. Nicht sie wird geheilt, sondern sie heilt uns. Der Mensch ist krank, die Krankheit aber ist der Versuch der Natur, ihn zu heilen. Wir können also aus der Krankheit selber viel für unsere Gesundung lernen, und was dem Neurotiker als absolut verwerflich erscheint, darin liegt das wahre Gold, das wir sonst nirgends gefunden haben.« (Carl Gustav Jung)

meiner Seele weiterhin aus. Die Aggressionen zeigen sich dann oft in einem Wüten gegen mich selbst oder in einem grausamen Gewissen. Ich verurteile mich, bestrafe mich, zerfleische mich mit Selbstvorwürfen. Oder aber ich richte die Aggressionen gegen andere, indem ich die, die anders leben oder glauben, beschimpfe. Aber ich nehme meine Aggressivität gar nicht wahr. Denn ich verurteile Andersdenkende ja im Namen Gottes. Wir erleben heute im Terrorismus, zu welch grausamem Verhalten eine verdrängte und dann im Namen Gottes ausgelebte Aggression führen kann.

Verdrängen und Unterdrücken sind zwei Weisen einer neurotischen Frömmigkeit. Das Verdrängte gerät in das Unbewusste und wirkt sich von daher negativ auf den Menschen aus. Das verdrängte Gefühl zeigt sich als Sentimentalität, die verdrängte Sexualität als Brutalität oder als Eitelkeit, die verdrängte Aggression als fanatisches Eintreten für den wahren Glauben oder die wahre Moral. Oft bemerken wir das neurotische Element im Glauben eines Menschen gar nicht. Da scheint einer einen starken und unerschütterlichen Glauben zu haben. Aber bei näherem Hinsehen spüren wir, dass ihm sein starker Glaube, mit dem er imponiert, nur dazu dient, sein mangelhaftes Selbstwertgefühl zu kompensieren.

Das Unterdrückte wirkt sich anders aus. Wenn ich meine Sexualität unterdrücke, dann nehme ich sie durchaus wahr. Aber ich bin dann ständig mit ihr beschäftigt. Wenn ich etwas unterdrücke, dann wecke ich in ihm eine solche Gegenkraft, dass ich überfordert bin, mit dem Unterdrückten angemessen umzugehen. Ich möchte das, was ich unterdrücke, in den Griff bekommen. Doch ich kann weder meine Aggression noch meine Sexualität in den Griff bekommen. Beides sind wichtige Lebensenergien. Ich kann mich nur mit ihnen aussöhnen, damit die Energie, die darin steckt, meinem Leben dient.

»Wo die Leidenschaftlichkeit verschwindet, da verliert das Gute seinen Glanz und seinen Schwung ... Menschen, die sich sehr intensiv auf die Kirche eingelassen haben, werden oft als besonders brav und zugleich als besonders uninteressant und langweilig empfunden.« (Adolf Exeler)

Wenn ich Aggression und Sexualität unterdrücke, fehlt mir ihre Energie zum Leben. Dann wird mein Tun und Denken kraftlos und leidenschaftslos. Meine Spiritualität wird langweilig. Sie verliert ihr Feuer und ihre Ansteckungskraft. Der Pastoraltheologe Adolf Exeler hat diese langweilige Spiritualität so gekennzeichnet: »Wo die Leidenschaftlichkeit verschwindet, da verliert das Gute seinen Glanz und seinen Schwung ... Menschen, die sich sehr intensiv auf die Kirche eingelassen haben, werden oft als besonders brav und zugleich als besonders uninteressant und langweilig empfunden.«

Eine reife Spiritualität hat die Sexualität in die Beziehung zu Gott, den Menschen und zu sich selbst integriert. Wenn jedoch die Sexualität nicht angenommen wird, dann rächt sich der nicht anerkannte Trieb an der Seele.

Ein wesentliches Merkmal einer neurotischen Spiritualität ist der Perfektionismus. Der Perfektionist möchte vollkommen sein. Religiöser Perfektionismus beruft sich auf ein Wort wie: »Seid also vollkommen, wie auch euer himmlischer Vater vollkommen ist« (Matthäus 5,48). Doch Jesus meint hier nicht, dass wir perfekt im Sinn von »fehlerlos« sein sollen, sondern ganz und vollständig wie Gott. Wir sollen alles in uns anschauen und integrieren. Jesus deutet sein Wort ja durch das Bild von dem Gott, der seine Sonne über Gute und Böse scheinen lässt, der es regnen lässt über Gerechte und Ungerechte.

Perfektionismus gibt sich als Gehorsam gegenüber Gottes Willen und ist oft nur ein Dienst am eigenen Geltungsbedürfnis. Der Perfektionist stellt sich mit seinem Perfektionismus

über die anderen. Und zugleich wird er ständig von Schuldgefühlen geplagt, weil er eben doch nicht so perfekt ist, wie er das
zu sein hofft. Hinter den quälenden Schuldgefühlen verbirgt
sich oft eine unbewusste Selbstbestrafungstendenz.

Perfektionismus macht unbarmherzig und unmenschlich.
Denn um seiner Ideale willen darf der Perfektionist keine
Schwachheit und Halbheit dulden. So versucht er mit Verbis-
senheit und Brutalität seine Ideale durchzusetzen. In seinem
Streben nach absoluter Gerechtigkeit weichen Perfektionisten
allerdings den normalen Pflichten des Alltags eher aus, als sich
ihnen zu stellen. Alles oder Nichts lautet die Devise des Perfektionismus. Übersteigerte Ideale dienen dazu, sich über das All-
tägliche zu erheben.

Aber dadurch geht vom Perfektionisten keine Verwandlung
der Wirklichkeit aus. Er lebt in einem Zwangssystem. Er ver-
wendet alle Energie darauf, seine inneren Normen und seine
selbst auferlegten Pflichten zu erfüllen. So bleibt keine Kraft
mehr übrig, sich dieser Welt zu widmen und sie zu gestalten
und zu formen.

Das dritte Hindernis: Wenn Bilder gefangen halten

Ein drittes Hindernis auf dem Weg zu einem reifen Glauben
kann aus dem Wechselspiel von Gottes- und Selbstbild entstehen. Gottesbild und Selbstbild hängen eng zusammen. Wie
jemand Gott sieht, so sieht er sich auch selbst. Wenn einer
eine Buchhaltermentalität hat, wird er auch Gott als Buchhal-
ter sehen, der über alle seine Taten wacht, um sie in Soll oder
Haben zu buchen. Wer sich selbst bestraft, der entwickelt auch
ein strafendes Gottesbild. Auch hier kann man oft nicht unterscheiden, was zuerst da war: das neurotische Gottesbild oder
das kranke Selbstbild.

Kranke Gottesbilder haben auf jeden Fall eine krankmachende Wirkung auf die Psyche. Josef Rudin erklärt dies in seinem Buch *Psychotherapie und Religion* damit, dass das Gottesbild »der mächtigste Archetyp, das verborgenste Kraftzentrum« ist, »von dem alle Lebensbezirke letztlich durchgebildet werden«. Das Gottesbild zieht die meiste seelische Energie auf sich. Es ist der »geheimste Mittelpunkt der menschlichen Existenz« und erweist sich damit gleichzeitig als der »gefährlichste Partner des menschlichen Daseins«. Daher ist es wichtig, seine Gottesbilder anzuschauen und zu untersuchen, ob sie krankmachend oder heilend sind.

Viele haben heute aus Angst vor einem strafenden Gott Bilder von Gott entwickelt, die das Gegenteil beschreiben: der liebende und barmherzige, der mütterliche und väterliche Gott. Es ist gut, solche Gottesbilder in seiner Seele zu haben. Aber es besteht auch die Gefahr, Gott damit zu verharmlosen. Gott wird dann entmachtet. Auf diese Weise verliert er seine Wirkung auf die menschliche Seele. Und oft genug sind diese harmlosen Gottesbilder nur an der Oberfläche. Darunter hausen weiterhin dämonische Gottesbilder. Ganz gleich, welche Gottesbilder ich in mir habe, sie brauchen die beiden Aspekte, die die Religionspsychologie als Kennzeichen des Heiligen beschreibt: das *Fascinosum* und das *Tremendum*, das Anziehende, Begeisternde und auch das Erschreckende und Betroffenheit Erzeugende. Ohne diese Spannung werden die Gottesbilder einseitig und letztlich krankmachend.

Karl Frielingsdorf hat in seinem Buch *Dämonische Gottesbilder* gezeigt, dass viele Priester, die den barmherzigen Gott predigen, unbewusst dämonische und krankmachende Gottesbilder in sich tragen und davon existenziell geprägt sind. Ich habe einen Priester begleitet, der von seiner Theologie her immer vom barmherzigen Gott gesprochen hat. Er war davon auch überzeugt. Aber da sein eigener Vater Alkoholiker war, hat er die Willkür, die er bei ihm erlebt hat, unbewusst auch auf Gott übertragen. Und so zweifelte er manchmal an seinen eigenen Predigten und hatte Angst, Gott würde genauso willkürlich sein wie sein Vater. Er würde ihm einen Strich durch die Rechnung machen. Er könne ihm letztlich nicht vertrauen. Man weiß ja nie, was sich Gott alles ausdenkt.

Ein anderer Priester war in seinem Studium und auch in seinem geistlichen Leben immer von der Gnade Gottes fasziniert. Ihm war es wichtig, dass Gott uns aus Gnade angenommen hat und nicht, weil wir ihm durch unsere Leistung diese Annahme aufgedrängt haben. Aber in seinem Unbewussten spukte doch noch die Vorstellung, dass er Gott durch sein Tun zufriedenstellen, dass er vor Gott alles richtig machen und perfekt sein müsse. Wenn er spazieren ging, kamen sofort Gedanken hoch, er müsse doch noch so vieles in der Pfarrei tun, die oder jene Kranke besuchen oder noch etwas für die Predigt lesen. Er predigte anderen, dass sie sich Zeit nehmen sollten für das Gebet und die Stille. Aber selbst bekam er ein schlechtes Gewissen, wenn er einfach nur dasaß, um still zu werden.

Dämonische Gottesbilder können nicht durch theologische Argumente aus der Welt geschafft werden. Der erste Schritt, von ihnen frei zu werden, besteht darin, sie anzuerkennen und anzunehmen. Sie sind in mir. Und sie haben ja auch eine gewisse Berechtigung. Aber ich darf ihnen keine absolute Gültigkeit zugestehen.

Der zweite Schritt besteht darin, in meiner Psyche ähnliche Tendenzen zu entdecken, die in meinem Gottesbild stecken. Vielleicht habe ich in mir eine starke Tendenz, mich selbst zu bestrafen, wenn ich meinen eigenen Vorstellungen nicht entspreche. Oder aber ich habe mir selbst gegenüber Misstrauen, dass ich nicht zuverlässig bin, dass ich nicht das lebe, was ich im Gewissen eigentlich möchte. Wenn ich das Gottesbild und in seinem Spiegel mich selbst anschaue, dann kann ich mich langsam von den dämonischen Anteilen an meinem Gottesbild und von meinem unmenschlichen Selbstbild lösen.

Ich soll dann aber nicht auf der gleichen Ebene ein anderes Gottesbild dagegensetzen, etwa gegen den strafenden den liebenden Gott, gegen den Willkürgott den väterlichen Gott, dem ich vertrauen darf. Denn dann besteht die Gefahr, dass ich meine eigenen Sehnsüchte in Gott hineinprojiziere. Das ideale Gottesbild führt dann dazu, dass ich mich selbst als minderwertig erlebe und mich mit diesem Gottesbild überfordere.

Vielmehr geht es darum, im dritten Schritt alle Gottesbilder zu übersteigen und mich dem ganz anderen Gott hinzugeben, der jenseits aller Bilder ist. Ich brauche Bilder von Gott. Aber ich muss sie immer wieder auch relativieren. Sonst identifiziere ich Gott mit dem Bild, das ich mir von ihm gemacht habe. Wenn ich mich dem ganz anderen Gott ergebe, dann werde ich wahrhaft frei. Dann bleibt Gott wirklich Gott. Er ist kein Konstrukt meiner Fantasie oder meines theologischen Verstandes, sondern der unbegreifliche und unendliche Gott, das Geheimnis, auf das hin ich mein Leben lang unterwegs bin.

3 Ein ganzer Mensch werden: Schritte der Verwandlung

Das Geheimnis der Verwandlung

Der Weg zu einem erwachsenen Glauben führt für die frühen Wüstenväter über eine ehrliche Selbstbegegnung. Gott spricht zu uns nicht nur in Worten der Bibel oder der kirchlichen Lehre. Wenn ich das Wort Gottes nur als äußere Autorität übernehme, bin ich immer in Gefahr, mein eigenes Menschsein zu überspringen. Und vor allem ist die Frage, ob ich das Wort Gottes in der Bibel wirklich verstehe oder ob ich nicht doch auch meine verdrängten Bedürfnisse und Ängste hineinprojiziere.

Viele Fundamentalisten meinen, sie würden dem Wort Gottes gehorsam sein. In Wirklichkeit aber verfälschen sie es durch ihre eigenen Projektionen. Der Weg der Wüstenväter ist für mich ein guter Weg, frei zu werden von solchen Projektionen:

> Nur wenn ich mir selbst begegne, werde ich wahrhaft Gott begegnen.

> Und nur wenn ich mich erkenne, werde ich Gott erkennen.

> Nur wenn mich die Begegnung mit Gott verwandelt in allen Bereichen meines Lebens, werde ich zu einem erwachsenen Glauben finden.

Das Ziel des geistlichen Weges im Mönchtum ist die Verwandlung des Menschen. In alle Bereiche des Menschen soll

Gottes Geist eindringen, damit er das Unbewusste und Dunkle erhellt, das Entfremdete integriert und das Verwundete heilt. Das Ziel der Verwandlung ist, dass ich immer mehr in das einmalige und ursprüngliche Bild verwandelt werde, das Gott sich von mir gemacht hat. Um dieses Bild zu entdecken, muss ich mich jedoch meiner Wirklichkeit stellen mit allen Facetten meines Seins. Die Mönche haben fünf Bereiche beschrieben, die wir anschauen und Gott hinhalten sollen, damit sie verwandelt werden können:

1. die Gedanken und Gefühle
2. der Leib
3. die Träume
4. die Beziehung zu den Mitmenschen
5. die Arbeit

Ich möchte diese fünf Bereiche anschauen, um die Reifung eines glaubenden Menschen zu beschreiben. Dabei ist mir das Bild der Verwandlung wichtig. *Verwandlung* ist etwas anderes als *Veränderung*. Wir wollen uns verändern, wenn wir uns so, wie wir sind, nicht annehmen können. Manchmal haben Veränderungsstrategien etwas Aggressives an sich. Wir wüten gegen uns selbst. Verwandlung ist sanfter. Verwandelt werden kann nur, was ich angenommen habe. Daher gilt es, alles in sich anzuschauen und anzunehmen und es dann Gott hinzuhalten. Verwandlung braucht immer die Begegnung. Ich muss sie nicht selbst machen. Und ich überlasse sie auch nicht einfach Gott. Mein Anteil ist, mich ganz und gar in die Begegnung mit Gott zu wagen. Dann kann Verwandlung geschehen. In dieser Begegnung wird nichts ausgeklammert. Vielmehr werde ich mir gerade vor Gott bewusst, was in mir noch dem eigentlichen und ursprünglichen Bild widerspricht, das Gott sich von mir gemacht hat. Dazu zunächst eine kleine Erzählung, die das anschaulich werden lässt:

Das Märchen von den drei Sprachen

Ein Schweizer Graf schickt seinen Sohn zu einem Meister, damit er etwas Sinnvolles lerne. Nach einem Jahr kehrt er zurück. Er hat die Sprache der bellenden Hunde gelernt. Der Vater ist wütend und schickt ihn zu einem anderen. Da lernt er die Sprache der Frösche und im dritten Jahr die Sprache der Vögel. Der enttäuschte Vater gibt den Befehl, ihn zu töten, doch der Sohn kann fliehen.

Auf seiner Wanderung kommt er in eine Burg. Dort möchte er übernachten. Doch der Burgherr kann ihm nur den Turm anbieten, in dem wilde bellende Hunde hausen, die schon manchen verschlungen haben. Der junge Mann hat jedoch keine Angst. Er vermag ja, die Sprache der bellenden Hunde zu verstehen und mit ihnen zu sprechen. Er beginnt freundlich mit den Hunden ein Gespräch. Sie verraten ihm, dass sie deshalb so wild sind und so laut bellen, weil sie einen Schatz hüten. Sie zeigen ihm den Schatz, helfen ihm, ihn auszugraben. Dann verschwinden sie. Und das Land ist im Frieden.

Der Junge zieht daraufhin nach Süden und kommt an einem Teich vorbei, in dem die Frösche sich unterhalten. Da wird er traurig, weil er spürt, dass sie sich über ihn unterhalten. Schließlich kommt er nach Rom; dort ist gerade der Papst gestorben. Die Kardinäle können sich nicht auf einen neuen Papst einigen. Da beschließen sie, Gott selbst solle ihnen durch ein Wunder anzeigen, wen er zum Papst haben möchte.

In diesem Augenblick kommt der junge Mann in den Petersdom. Zwei weiße Tauben setzen sich auf seine Schulter. Das ist für die Kardinäle ein Zeichen, dass er es ist, der zum Papst gewählt werden soll. Erst wehrt er sich dagegen. Doch die Tauben reden ihm zu, dass er die Wahl annehmen solle.

Im Märchen von den drei Sprachen gibt es ein treffendes Bild für Verwandlung. Dort, wo die Hunde in uns am lautesten bellen, dort liegt auch der Schatz in uns. Der Schatz ist in der Bibel ein Bild für das wahre Selbst, für das ursprüngliche Bild Gottes in uns. Die Aggressionen, die in uns bellen, die Sexualität, die Eifersucht, die Angst, die Depression, sie alle zeigen uns, dass wir noch an unserem wahren Selbst vorbeileben, dass wir uns ein Bild übergestülpt haben, das unserem eigentlich Sein nicht entspricht. Wir sollen dankbar sein, wenn die Hunde bellen. So können wir uns auf die Schatzsuche machen.

In diesem Sinn sollten wir unsere Gedanken und Gefühle, unsere Krankheiten und unsere Probleme bei der Arbeit und im Miteinander anschauen. Es geht nicht darum, sie in den Griff zu bekommen, sondern sich von ihnen auf den Schatz verweisen zu lassen, der in uns ist.

Das Bild im Märchen für den spirituellen Menschen ist der »Papst«. Zu einer gesunden Spiritualität – so sagt uns das Märchen – gehört, dass wir die Sprache der bellenden Hunde sprechen, dass wir unsere Gedanken und Gefühle, unseren Leib und die Probleme unseres Alltags verstehen.

Wir brauchen auch die Sprache der Frösche. Das ist die Sprache der Träume, des Unbewussten.

Erst wenn wir diese beiden Sprachen beherrschen, vermögen wir die Sprache der Vögel, die spirituelle Sprache, zu lernen. Die Spiritualität braucht also erst eine solide Grundlage, damit sie echt und reif wird.

Was das Märchen von den drei Sprachen in einer bildhaften Sprache ausgedrückt hat, hat schon Jesus in seinem Gleichnis ähnlich gesehen. Im Lukasevangelium sagt Jesus: Der König steht für das innere Selbst. Die zehntausend Soldaten

»Welcher König, der ausziehen will, um mit einem anderen König Krieg zu führen, wird sich nicht zuvor hinsetzen und nachdenken, ob er mit zehntausend Mann dem entgegentreten kann, der mit zwanzigtausend gegen ihn anrückt? Andernfalls schickt er, solange jener noch fern ist, eine Gesandtschaft und bittet um Frieden.«
(Lukas 14,31–32)

sind Bild für meine eigene Willenskraft, für meine Disziplin, meinen Verstand, meinen Ehrgeiz. Ich möchte die Feinde meiner Seele, meine Fehler und Schwächen, besiegen. Doch wenn ich gegen meine inneren Feinde kämpfe, entwickle ich eine so starke Gegenkraft, dass ich ständig damit beschäftigt bin. Im Bild gesprochen: Ich werde meine ganze Energie damit verbrauchen, um Befestigungsanlagen gegen die Feinde zu errichten. Ich werde immer nur mit Kampf beschäftigt sein und habe keine Energie mehr zum Leben.

Jesus rät mir, ich solle Frieden schließen mit den Feinden. Dann könnten aus Feinden Freunde werden. Dann wird mein Land weiter. Statt zehntausend Soldaten habe ich nun dreißigtausend. Mein innerer Horizont wird weiter und meine Kräfte nehmen zu.

Die Gedanken und Gefühle

Die frühen Mönche haben ihren geistlichen Weg vor allem als Umgang mit den so genannten neun *Logismoi* verstanden. *Logismoi* sind gefühlsbetonte Gedanken oder auch Überlegungen und Gedankengebäude. Evagrius Pontikus kann sie auch Leidenschaften nennen oder Triebe. Und er bezeichnet sie oft als Dämonen. Dämonen sind ein Bild für die Kraft dieser Gedanken und Gefühle. Sie können den Menschen auch beherrschen und ihn so von seinem eigentlichen Wesen abbringen. Die Voraussetzung für den Kampf mit den Leidenschaften ist, dass ich sie zulasse. Evagrius rät uns, dass wir uns mit ihnen vertraut machen sollen. Sonst können wir nicht mit ihnen ringen. In den Leidenschaften steckt auch eine Kraft. Wenn wir sie unterdrücken, fehlt uns ihre Kraft. Es geht nicht darum, gegen die Leidenschaften zu kämpfen, sondern mit ihnen zu ringen, um die Kraft, die in ihnen steckt, für unseren Weg zu Gott zu nutzen.

»Ein Bruder kam zum Altvater Poimen und sagte: Vater, ich habe vielerlei Gedanken und komme durch sie in Gefahr. Der Altvater führte ihn ins Freie und sagte zu ihm: Breite dein Obergewand aus und halte die Winde auf! Er antwortete: Das kann ich nicht! Da sagte der Greis zu ihm: Wenn du das nicht kannst, dann kannst du auch deine Gedanken nicht hindern, zu dir zu kommen. Aber es ist deine Aufgabe, ihnen zu widerstehen.« (Weisheit der Väter)

Das Ziel der Auseinandersetzung mit den neun *Logismoi* ist die sogenannte *Apatheia*. Für Evagrius ist sie die Gesundheit der Seele. Sie ist kein gefühlloser Zustand, sondern ein Zustand, in dem ich frei bin vom pathologischen Verhaftetsein an meine Leidenschaften. Ich kenne meine Leidenschaften und integriere sie in meine Beziehung zu Gott. Sie beherrschen mich nicht mehr, sondern dienen mir und meinem Weg zu Gott.

Für Evagrius ist die *Apatheia* ein Zustand eines tiefen inneren Friedens, »der unter dem Einfluss der Liebe aus der vollen und harmonischen Integration des emotionalen Lebens entsteht«, wie John Eudes Bamberger in der Einleitung seiner Übersetzung von Evagrius Pontikus Werk *Praktikos* schreibt. Wer diesen Zustand erlangt hat, der ist innerlich gesund und reif geworden. Dessen Liebe ist nicht mehr vermischt mit infantilen Vorstellungen oder von narzisstischen Tendenzen, von Besitzansprüchen oder Machtbedürfnissen beeinträchtigt.

Cassian hat die *Apatheia* mit »Reinheit des Herzens« übersetzt. Der Umgang mit den Leidenschaften führt also in einen Zustand der inneren Klarheit und Lauterkeit, in dem ich frei bin von Nebenabsichten. Ich bin durchsichtig auf mein wahres Wesen und auf Gott hin. Ich bin innerlich frei und ich bin lauter. In uns allen steckt eine tiefe Sehnsucht nach dieser inneren Lauterkeit, denn oft genug erfahren wir uns als innerlich beschmutzt von den Emotionen unserer Umgebung oder von irgendwelchen gierigen Wünschen und aggressiven Gefühlen. Die Reinheit des Herzens ist die Voraussetzung, dass wir so zu lieben vermögen, wie Jesus es uns vorgelebt hat.

Evagrius teilt die neun *Logismoi* jeweils den drei Bereichen im Menschen zu: dem begehrlichen, dem emotionalen und dem geistigen Bereich.

Die Triebe

Im begehrlichen Teil sind die drei Grundtriebe des Menschen wie Essen, Sexualität und Besitzstreben. Die Triebe haben die Aufgabe, mich zum Leben anzutreiben, ja letztlich sollen sie mich zu Gott hin treiben. Wenn ich die Triebe jedoch unterdrücke, werden sie sich ständig bemerkbar machen. Sie werden meine Energie auf sich ziehen, anstatt mich anzutreiben, mich mit allen Kräften Gott hinzugeben.

Das *Ziel des Essens* ist, das Leben zu genießen und letztlich mit Gott eins zu werden. In der Eucharistie wird der Sinn des Essens deutlich. Da genießen wir in Brot und Wein die menschgewordene Liebe Gottes in Jesus Christus. Da werden wir mit Gott eins. Aber ich kann mit Essen auch meine innere Leere zustopfen, meine Unzufriedenheit, meinen Mangel an Liebe verdrängen. Doch dann werde ich unfähig zu genießen. Ich werde nicht eins mit mir, sondern innerlich zerrissen. Ich fühle mich getrieben und unfähig, das Maß des Essens und Trinkens zu leben, das mir guttut. Im schlimmsten Fall kann Essen oder Trinken zur Sucht werden. In der Sucht weiche ich der Realität meines Lebens aus.

Das *Ziel der Sexualität* ist die Lebendigkeit und Ekstase. Die Sehnsucht, die in unserer Sexualität steckt, ist letztlich die Sehnsucht, sich im Leib zu spüren, sich hinzugeben, in der Ekstase eins zu werden mit dem anderen, sich selbst in der Ekstase zu vergessen und im Einswerden mit dem anderen zu verschmelzen. Diese Sehnsucht kann durch noch so viele sexuelle Erlebnisse nie ganz erfüllt werden. Sie verweist uns letztlich auf Gott. In der Sexualität – so sagt Hans Jellouschek – steckt ein Transzendenzpotenzial. Nur wenn wir uns in ihr der Transzendenz öffnen, kommt sie zu ihrer Erfüllung. Die Mystiker haben die Sexualität in ihren spirituellen Weg integriert. Sie haben ihre Erfahrungen mit Gott in einer erotischen Sprache beschrieben. Aber Sexualität kann den Menschen auch beherrschen. Menschen, die von ihrer Sexualität getrieben werden, sind oft nicht wirklich in ihrem Leib. Weil sie sich nicht spüren, brauchen sie die Sexualität, um überhaupt etwas zu fühlen. Die Sexualität wird dann zum Ersatz für das ungelebte Leben. Und sie wird zur Flucht vor der Realität. Es kommt also darauf an, wie ich mit meiner Sexualität umgehe, ob ich sie als Quelle der Spiritualität nutze oder aber mich von ihr bestimmen lasse und in ihr meine unbefriedigten Bedürfnisse nach Nähe, nach Potenz, nach Beherrschen auslebe.

Im *Streben nach Besitz* steckt die Sehnsucht, Ruhe zu finden. Doch Besitz kann auch besessen machen. Und dann sind wir ständig in Unruhe und Angst, unseren Besitz zu bewachen und zu vermehren. Der wahre Reichtum ist in uns. Jesus spricht von der kostbaren Perle und vom Schatz im Acker, der im Acker unserer Seele zu finden ist. Der Schatz ist ein Symbol für das wahre Selbst. Nur wenn wir den Reichtum in uns entdecken, kommen wir zur Ruhe. Der äußere Reichtum – so meint C. G. Jung – hat die Tendenz, in uns die Maske zu verstärken. Dann verschanzen wir uns hinter der Maske und verlieren die Beziehung zu unserem Selbst.

Eine Frau erzählte von ihrem Mann, der wirtschaftlich sehr erfolgreich ist. Aber ihm geht es nur noch um das Geld. So erreicht sie ihn im Gespräch nicht mehr. Sie spürt seinen innersten Kern nicht mehr. Auf diese Weise kann uns der Besitz davon abhalten, reif zu werden und mit unserem Selbst in Berührung zu kommen. Wer nur um sein Geld kreist, der bleibt ewig infantil. Er weigert sich, den Weg schmerzlicher Selbsterkenntnis und den Weg der Selbstwerdung zu gehen.

Alle drei Triebe können auch zur Sucht werden. In der Sucht werde ich von den Trieben beherrscht und fliehe vor der Realität meines Lebens und vor der Auseinandersetzung, in die mich der Weg der Menschwerdung stellt. In der Sucht bleibe ich letztlich im Mutterschoß sitzen. Ich lasse mich von außen zufriedenstellen, weil ich in mir keinen Frieden habe. Ich kann mich nicht aushalten. Und ich kann und will meine Sehnsucht nicht spüren. Denn sie erinnert mich daran, über mich hinauszugehen und mich nach Gott auszustrecken. So unterdrücke ich die inneren Regungen der Sehnsucht und ertränke sie in der Sucht.

Die Emotionen

Die drei Seelenmächte des emotionalen Teils sind Zorn, Traurigkeit und innere Zerrissenheit (*Akedia*). Die *Aggressionen* gehören zu mir. Sie wollen mir die Kraft schenken, die Probleme anzupacken und mein Leben selbst in die Hand zu nehmen. Und sie wollen das Verhältnis von Nähe und Distanz regeln. Die Aggression als Lebensenergie zu nutzen bedeutet nicht, dass ich andere anschreie, sondern dass ich klare Grenzen setze und dass ich die Dinge anpacke, die anstehen. Wenn ich die Aggression unterdrücke oder mich von ihr bestimmen lasse, dann drückt sie sich aus in Zorn, Wut und Groll. Dann bin ich gegen alles und jeden. Ich bin unzufrieden und nörgele an allem herum.

Die Aggression ist neben der Sexualität die wichtigste Lebensenergie. Daher braucht es besondere Sorgfalt, mit ihr umzugehen. Wer sie unterdrückt, dem fehlt es an Lebendigkeit. Und oft genug wird er depressiv. Wer sich seiner Aggres-

»Der Zorn ist die heftigste der Leidenschaften. Er ist ein Aufwallen des erregbaren Teiles der Seele, das sich gegen jemanden richtet, der einen verletzt hat, oder von dem man sich verletzt glaubt. Er reizt ohne aufzuhören die Seele dieses Menschen und drängt sich vor allem während der Gebetszeit ins Bewusstsein. (…) Manchmal hält er längere Zeit an und wandelt sich dabei zum Groll, der schlimme Erfahrungen während der Nacht verursacht. (…) Immer wieder stellt er fest, dass vor allem diese (…) Wirkungen seines Grolls viele seiner Gedanken begleiten.« (Evagrius Ponticus)

sionen nicht bewusst wird, der lebt sie unbewusst aus, oft genug unter einem frommen Deckmantel. Ich wundere mich manchmal, wie aggressiv fromme Menschen sind. Sie gebrauchen oft brutale Schimpfworte gegenüber Andersdenkenden. Sie kritisieren ihre Mitmenschen und die Pfarrei, dass sie nicht spirituell genug sind. Aber von ihnen geht keine Einladung zur Spiritualität aus. Man wendet sich lieber von ihnen ab, weil sie eine unangenehme Ausstrahlung haben. Manchmal wünschen sie die, die die Bibel anders deuten als sie selbst, in die Hölle. Da spürt man, dass sie ihre Aggressionen nicht in ihren geistlichen Weg integriert haben, sondern sie unbewusst ausagieren und oft genug im Namen Gottes auf recht hartherzige Art ausleben. Es gibt auch Menschen, die nach außen hin freundlich sind, aber hinter der freundlichen Fassade spürt man die aggressiven Pfeile, die davon ausgehen. In Gesprächen erlebe ich manchmal Menschen mit einer passiven Aggression. Sie sind nach außen hin ganz freundlich. Aber wenn ich eine Stunde mit ihnen gesprochen habe, bin ich ganz aggressiv. Früher habe ich die Schuld dann immer bei mir gesehen. Jetzt sehe ich, dass sich ihre unterdrückte Aggression auf mich legt.

Traurige Gefühle gehören zum Menschen. Wir sind nicht nur voller Freude. Wir dürfen der Trauer nicht aus dem Weg gehen, weder der Trauer über den Tod lieber Menschen, noch der Trauer über das eigene ungelebte Leben oder über den Abschied von Illusionen, die wir uns vom Leben gemacht haben. Solche Trauer gehört zum Reifungsweg. Manchmal sind traurige Gefühle auch der Nährboden, auf dem kreatives Tun gedeiht. Wenn ich mich aber meiner Trauer nicht stelle, dann wird sie zur Traurigkeit. Evagrius unterscheidet zwischen Trauer und Traurigkeit. Letztere versteht er als Selbstmitleid. Ich kreise dann immer um mich und bedauere mich selbst, dass alles so schlimm ist und keiner sich um mich kümmert. Die Trauer bricht in Tränen aus und reinigt uns. Die Traurigkeit ist dagegen nur weinerlich. Evagrius vergleicht sie mit einem kleinen Kind, das schreit, weil man ihm seine Puppe genommen hat. So kann der Traurige Gott nicht verzeihen, dass er ihm nicht alle Wünsche erfüllt. Er bleibt in seiner infantilen Weinerlichkeit stecken, anstatt sich auf das Leben einzulassen. Auf dem Grund der Traurigkeit liegen übertriebene Wünsche an das Leben. Weil sie nicht in Erfüllung gehen, reagiert man traurig wie ein beleidigtes Kind.

Innere Zerrissenheit oder *Akedia*, die Nicht-Sorge, Nicht-Achtsamkeit, ist die Unfähigkeit, im Augenblick zu leben. Ich bin innerlich zerrissen. Ich habe weder Lust zu arbeiten noch zu beten. Ja, nicht einmal das Nichtstun kann ich genießen. Ich kann nicht bei dem bleiben, was ich gerade tue. Ich fühle mich in meiner Haut nicht wohl. Ich gehe von einem zum anderen. Ich lese Zeitung, doch sie ist mir zu langweilig. Dann gehe ich spazieren, aber das Wetter passt mir nicht. Dann gehe ich

»Abbas Agathon sprach: Selbst wenn ein Zorniger einen Toten erweckte, findet er nicht Annahme bei Gott. Altvater Ammonas sagte: Vierzehn Jahre habe ich in der Sketis verbracht und habe Tag und Nacht Gott gebeten, er möge mir die Gnade gewähren, den Zorn zu überwinden.« (Weisheit der Väter)

»Traurigkeit kann bisweilen entstehen, wenn der Mensch seine Wün-
sche nicht erfüllt bekommt. Manchmal tritt sie auch in Begleitung
des Zornes auf. Entsteht sie als Folge nicht erfüllter Bedürfnisse und
Wünsche, dann meistens auf folgende Weise: Ein solcher Mensch denkt
zunächst an zu Hause, an seine Eltern oder an das Leben, das er früher
geführt hat. Wenn er diesen Gedanken keinen Widerstand entgegen-
setzt, ja ihnen sogar bereitwillig folgt, oder sich sogar, wenn auch nur in
der Vorstellung, Vergnügungen hingibt, dann nehmen sie ihn ganz in
Besitz. Schließlich aber verblassen diese Vorstellungen, an denen er sich
ergötzte, und er versinkt in Traurigkeit. Seine gegenwärtigen Lebens-
umstände verhindern es ja, dass sie wieder Wirklichkeit werden. Und
so wird jener unglückliche Mensch in dem Maße bekümmert, wie er
sich solchen Gedanken ausgeliefert hat.« (Evagrius Pontikus)

zurück ins Haus, aber auch da fühle ich mich nicht wohl. Meine Strümpfe jucken. Auf einmal drückt mich meine Brille. Ich könnte aus der Haut fahren, bin unzufrieden und weiß nicht, was ich eigentlich soll. Ich schimpfe auf Gott, dass er mir dieses Leben zugemutet hat. Und ich bin enttäuscht von den Menschen, die mich nicht verstehen und keine Zeit haben, sich mit mir zu unterhalten. Doch wenn sie sich mir zuwenden, ist es mir auch lästig. Dann möchte ich lieber allein sein. Wenn ich aber allein bin, fühle ich mich verlassen.

Evagrius meint, auf diese Weise zerreiße unsere Seele. Wir haben keine Mitte mehr in uns. Wir sind nicht in Berührung mit uns selbst. Menschen, die die eigene Mitte verloren haben, sind anfällig für extreme Formen der Spiritualität. Sie erhoffen sich von einer strengen Askese die Rettung ihrer kaputten Seele. Doch oft halten sie diese Härte sich selbst gegenüber nicht durch. So schwanken sie zwischen Strenge und Laxheit, zwischen fundamentalistischen Meinungen und einer völlig liberalen Haltung sich selbst gegenüber. Oft haben sie Alkoholprobleme. Sie schwanken zwischen Härte und Versumpfen hin und her. Menschen mit einer zerrissenen Seele möchten fromm sein, merken aber gar nicht, dass ihre Spiritualität nur gewollt ist, aber nicht echt. Von ihnen geht keine geistliche Ausstrahlung aus, sondern eher eine unangenehme, aggressive und kalte. Weil sie nicht bei sich sind, suchen sie von äußeren Formen ihr Heil. Weil sie keine Mitte haben, wenden sie sich extremen Formen der Spiritualität zu.

Die Heilung der inneren Zerrissenheit sieht Evagrius einmal in einer guten Strukturierung des Tages. Weil meine Seele chaotisch ist, lege ich mir eine äußere Ordnung auf, damit auch mein Inneres in Ordnung kommen kann. Ich muss durch meine Unzufriedenheit zu meinem wahren Wesen vordringen. Wer bin ich im Tiefsten eigentlich? Und was möchte ich mit meinem Leben? Dann werde ich langsam frei von dem Vorwurf an andere, sie seien schuld, dass mein Leben nicht gelingt. Und ich benutze die äußere Situation nicht mehr als Vorwand, dass ich nicht im Frieden leben kann. Evagrius sieht den Dämon der *Akedia* als den gefährlichsten an, weil er den Menschen seiner Mitte beraubt und ihn innerlich zerreißt. »Wird dieser Dämon aber besiegt, dann folgt so schnell kein anderer Dämon; ein Zustand tiefen Friedens und unaussprechbarer Freude ist die Frucht eines siegreichen Ringens mit ihm«, schreibt er.

Der Geist

Dem geistigen Bereich ordnet Evagrius die drei Tendenzen zu: sich in den Mittelpunkt zu stellen (Ruhmsucht), sich mit anderen zu vergleichen (Neid) und sich über andere zu stellen (Hybris, Stolz). Statt bei sich zu bleiben und in sich zu ruhen, ist der Geist ständig bei anderen.

In der *Ruhmsucht* definiere ich mich völlig über die Meinung anderer. Die Ruhmsucht – so meint *Evagrius* – hat für die jungen

Mönche durchaus ihre Berechtigung. Sie zwingt sie, Disziplin zu üben und auf ihrem geistlichen Weg voranzukommen. Die Ruhmsucht kann aber auch uns Ältere motivieren, sorgfältig zu arbeiten. Sie wird immer in uns sein und uns begleiten. Aber die Frage ist, ob wir uns von ihr beherrschen lassen. Dann würden wir ständig darauf aus sein, von allen geachtet und bewundert zu werden. Wer meint, er sei völlig über die Ruhmsucht erhaben, der merkt gar nicht, wie viel Sucht nach Anerkennung in seinem geistlichen Weg und in seinem Erzählen über seine Glaubenserfahrungen steckt. Es geht darum, die Sehnsucht nach Anerkennung und Lob wahrzunehmen und sich dann davon zu distanzieren. Dann bin ich mit meiner Ruhmsucht durchlässig für Gott. Ich kann die Ruhmsucht nicht auslöschen. Aber ich kann sie relativieren und sie in den Dienst Gottes stellen.

Neid entsteht immer, wenn ich mich mit anderen vergleiche. Neidische Menschen möchten immer gut dastehen, besser als die anderen. Das führt dazu, dass sie die anderen entwerten, um sich selbst aufzuwerten. Oder aber sie entwerten sich selbst, weil sie keine Chance sehen, gegenüber dem anderen besser dazustehen. Im Neid steckt die Sehnsucht

»Der Gedanke der Ruhmsucht ist ein recht schwieriger Geselle. Er entsteht gern in Menschen, die tugendhaft leben möchten. In ihnen weckt er das Verlangen, anderen mitzuteilen, wie schwierig ihr Ringen sei. Sie suchen damit die Ehre der Menschen. So gefallen sich solche Menschen zum Beispiel sich vorzustellen, wie sie Frauen heilen; Laute, die sie vernehmen, halten sie für Schreie der Dämonen, und gerne malen sie sich aus, wie Menschenmassen ihre Kleider berühren. (…) Ist ein solcher Mensch dann auf diese Weise durch nichtige Hoffnung aufgebläht, lässt der Dämon der Ruhmsucht von ihm ab, um vom Dämon des Stolzes oder der Traurigkeit abgelöst zu werden.« (Evagrius Pontikus)

nach gelingendem Leben. Doch diese Sehnsucht wird hier nie ganz erfüllt.

So verweist mich der Neid einmal darauf, dankbar anzunehmen, was Gott mir geschenkt hat, und mich mit meinem Leben auszusöhnen. Zum anderen fordert mich der Neid auf, meine Sehnsucht auf Gott zu richten. Er allein vermag mein Sehnen zu erfüllen. Es ist nicht so wichtig, wie gut ich bei anderen Menschen ankomme. Es ist nicht wichtig, ob andere manches besser können als ich. Entscheidend ist, dass ich mein eigenes Leben lebe und meine Talente entfalte, ohne mich mit anderen zu vergleichen.

Die dritte Weise, wie der Geist vor der eigenen Wahrheit davonläuft, ist die *Hybris*. Sie ist die Weigerung, mich in meiner Begrenztheit anzunehmen. Ich habe mir ein so hohes Idealbild gemacht, dass ich nicht bereit bin, meine Wirklichkeit in ihrer Durchschnittlichkeit und Banalität zu akzeptieren. Ich verschließe die Augen vor meiner Realität. Die Hybris ist eine Gefahr für den geistlichen Weg. Wer sich ihr nicht stellt, der merkt gar nicht, dass er seine Spiritualität dafür missbraucht, sich über andere zu stellen. Er will sich damit nur interessant machen.

C. G. Jung sieht die größte Gefahr der Hybris darin, dass ich mich mit archetypischen Bildern identifiziere. Archetypische Bilder wollen in uns etwas in Bewegung bringen, etwa das Bild des Propheten, des Märtyrers, des Opfers, des Heilers und Helfers. Doch wenn ich mich mit einem dieser Bilder identifiziere, werde ich blind für meine eigene Wirklichkeit und meine Bedürfnisse. Da lebe ich dann unter dem Vorwand, anderen zu helfen, mein eigenes Bedürfnis nach Nähe oder nach Macht aus. Oder wenn ich mich als Prophet fühle, merke ich gar nicht, wie autoritär und rechthaberisch ich in Wirklichkeit bin. Wer sich mit dem Bild des Märtyrers identifiziert, der wird unter diesem Bild seine Aggressivität ausleben. Neben einem Märtyrer oder neben einem Opferlamm vermag man kaum zu leben. Da wagt man es nicht, aufzuatmen und sich etwas zu gönnen.

Es ist immer schön, solche banalen Seiten an mir mit einem frommen Mantel zu umkleiden. Dann brauche ich nicht in die Abgründe meiner Seele zu schauen. Ich meine, alles in mir sei fromm und entspreche dem Willen Gottes. Doch in Wirklichkeit lebe ich meine eigenen verdrängten Aggressionen und meine unterdrückte Sexualität damit aus. Wenn geistlicher oder sexueller Missbrauch geschieht, haben wir es fast immer mit dem Phänomen der Identifikation mit dem archetypischen Bild des Heilers oder Helfers zu tun. Ich lebe mein Bedürfnis nach Nähe und Sexualität unter dem Deckmantel aus, dem anderen meine Liebe und Nähe zu zeigen. Vor mir selbst würde ich mir nie eingestehen, dass ich voller Gier und Triebhaftigkeit bin. Das würde ja meinem frommen Image widersprechen. Die Identifikation mit dem Archetyp des Helfers oder Heilers ermöglicht es mir, meine Triebe auszuleben, ohne sie mir einzugestehen. Gerade deshalb ist die Hybris so gefährlich. Nicht umsonst schreibt *Evagrius*, dass sie uns in den Wahnsinn treiben kann.

Jesus heilt den Blindgeborenen, indem er auf den Boden spuckt und ihm Dreck in die Augen schmiert (vgl. Johannes

»Der Dämon des Stolzes ist Ursache für den schlimmsten Fall des Menschen. Er nämlich verführt den Mönch dazu, nicht in Gott die Ursache seiner tugendhaften Handlungen zu suchen, sondern bei sich selbst. Seine Mitbrüder hält der Stolze für dumm, nur weil sie nicht die gleiche Meinung haben wie er selbst. Zorn und Traurigkeit folgen diesem Dämon auf dem Fuß und zu guter Letzt befällt den Stolzen die schlimmstmögliche Krankheit, er wird geistesgestört, verfällt dem Wahnsinn und unterliegt Halluzinationen, die ihm ganze Scharen von Dämonen am Himmel vorgaukeln.« (Evagrius Pontikus)

9,1–12). Er möchte ihm damit sagen: Du musst dich in deiner Menschlichkeit, in deiner Erdhaftigkeit annehmen. Und du musst anerkennen, dass es in dir auch schmutzige Bereiche gibt. Jesus schickt den Blindgeborenen dann zum Teich Schiloach. Schiloach heißt übersetzt: »Der Gesandte«. Christus selbst ist der Gesandte. Der Blinde soll sich mit seinem Dreck Christus hinhalten. Dann vermag er wieder zu sehen. Es braucht die Demut, damit die Hybris geheilt wird. Die Demut ist der Mut, hinabzusteigen in die eigene Wirklichkeit, in den Dreck, der auch in mir ist. Nur wenn ich mich damit aussöhne und ihn Gott hinhalte, kann er zu einem fruchtbaren Ackerboden werden, auf dem meine Seele zur Blüte kommen kann. Die Demut befreit mich von der Blindheit, die durch die Identifizierung mit einem archetypischen Bild entsteht. Und sie ermöglicht mir den Kontakt mit dem eigenen Schatten, mit dem Ackerboden in mir. Nur so vermag die Gestalt, die Gott mir eingestiftet hat, in mir zu wachsen und so zu reifen, dass Gott in mir verherrlicht wird.

Der Leib

Gott spricht zu uns in unserem Leib. Davon waren die Wüstenväter überzeugt. Der geistliche Vater schaute den Schüler genau an, wie er sich in seinem Leib gibt, wie seine Gebärden sind, wie seine Stimme tönt und wie seine Mimik oder die gesamte Ausstrahlung ist. Daran erkennt er, ob er wirklich durchlässig ist für den Geist Jesu Christi oder ob er nur vorgibt, Christus nachzufolgen.

Der Leib ist ein Barometer, das uns anzeigt, ob wir wirklich transparent für Christus sind, ob sein Geist in die Tiefen unseres Leibes und unserer Seele eingedrungen ist und uns prägt oder ob uns ganz andere Tendenzen prägen. Oft drückt der Leib von Frommen Angst aus. Das erkennt man an den verkrampften Schultern oder an zusammengebissenen Zähnen. Oder aber sie sind in ihrem Leib hart und unempfindlich geworden. Bei manchen ist der Rücken wie ein Brett geworden. Man hat alle Gefühle verdrängt und den Rücken gleichsam als Müllhalde für die unterdrückten Gefühle benutzt. Die geistlichen Väter brauchten ein geübtes Auge, um allem, was sie wahrnahmen, auf den Grund zu schauen. Sie erkannten im Leib den Geist eines Menschen.

Gott spricht zu uns in den Krankheiten. Da weist er uns oft auf Seiten hin, die wir nicht beachtet haben. Dabei geht es nicht darum, nach Schuld zu fragen. Ich kann nicht sagen, dass ich durch meine verdrängten Gefühle schuld bin an meiner Krankheit. Wenn ich nur nach meiner Schuld an der Krankheit suche, werde ich von Schuldgefühlen überschwemmt. Und die hindern mich gerade am Gesundwerden. Ich soll nicht in der Vergangenheit forschen, sondern die Krankheit als Anruf verstehen, in dem Gott mich darauf hinweisen will, bewusster und angemessener zu leben. Vielleicht habe ich mein Maß überschritten. Vielleicht sollte ich behutsamer mit mir umgehen. Vielleicht sollte ich genauer in mein Inneres schauen, was sich da auf dem Grund meiner Seele regt. Oft haben wir in uns eine Ahnung, was für uns stimmt. Aber dann überhören wir, was uns der Leib sagt. Wir leben einfach so weiter. Dann muss Gott oft lauter zu uns sprechen, etwa in einer Krankheit, die uns die Augen dafür öffnet, dass wir an uns vorbeileben. Die Krankheit ist oft ein Mahnruf Gottes, den wir nicht überhören sollten.

Viele wollen diesen Mahnruf nicht hören. Sie betrachten ihren Leib rein naturwissenschaftlich. Wenn er krank ist, hat das immer nur äußere Ursachen. Sie weigern sich, durch ihre Krankheit in ihre Seele zu schauen. Damit aber schneiden sie ihren Leib von ihrer Beziehung zu Gott ab und überhören die Stimme Gottes in ihrem Leib. Die Krankheit kann

>*Als er mit seinen Jüngern und vielem Volk Jericho wieder ver-*
ließ, saß Bartimäus, der Sohn des Timäus, ein blinder Bettler, am
Weg. Als er hörte, dass es Jesus aus Nazaret war, rief er laut: Sohn
Davids, Jesus, erbarme dich meiner! (...) Da blieb Jesus stehen und
sagte: Ruft ihn her! Sie riefen den Blinden und sagten ihm: Hab
Mut, steh auf, er ruft dich. Da warf er seinen Mantel ab, sprang auf
und kam zu Jesus. Und Jesus fragte ihn: Was willst du, dass ich dir
tun soll? Der Blinde antwortete ihm: Rabbuni, dass ich wieder sehen
kann. Da sagte Jesus zu ihm: Geh, dein Glaube hat dir Heilung ge-
bracht. Und sogleich sah er wieder und folgte ihm auf dem Weg.«
(Markus 10, 46–52)

zur spirituellen Herausforderung werden, mich von der Illusion zu befreien, ich bräuchte nur genug zu beten oder gesund
zu leben, dann könne mir nichts passieren. Und die Krankheit kann mir zeigen, worauf es eigentlich in meinem Leben
ankommt. Es geht nicht darum, möglichst gesund zu sein und
möglichst viel zu leisten, sondern durchlässig zu sein für Gott,
durchlässig in meiner Gesundheit und in meiner Krankheit, in
meiner Kraft und in meiner Ohnmacht.

Zu einer reifen Frömmigkeit gehört es, dass ich eine gute
Beziehung zu meinem Leib habe, dass ich für ihn sorge, ohne
übertrieben um ihn zu kreisen. Und zur Frömmigkeit gehört
es, dass ich den Glauben in den Leib eindringen lasse. Der
Leib enthüllt unsere Wahrheit. Ob ich wirklich im Glauben
fest stehe, das kann ich an meinem Stand erkennen. Wenn ich
eng, verkrampft oder unsicher dastehe, dann ist mein Glaube
sehr schwach. Ich möchte glauben; aber in Wirklichkeit habe
ich im Glauben keinen festen Stand in Gott gefunden. Glauben
heißt nach der Bibel eigentlich: Stehvermögen haben, in Gott
feststehen, auf einem Felsen stehen.

Ob ich Vertrauen in Gott habe, das kann ich an meinem
Atem erkennen. Ich kann im Atem einüben, mich in Gott

hinein loszulassen. Am Ende des Ausatmens ist ein Augenblick, in dem nichts ist. In diesem Augenblick geht es darum, sich in Gott hinein loszulassen. Wer sofort den Atem in sich einziehen muss, der zeigt, dass er sich nicht wirklich in Gott hinein fallen lässt. Ich erschrecke oft, wie manche ihren Mund voll nehmen und große spirituelle Wahrheiten verkünden. Doch ihrem Leib sieht man an, dass das alles nicht stimmt. Sie sehnen sich nach Gott. Aber sie möchten ihre eigene Wahrheit dabei überspringen. Sie möchten zu Gott an ihrem Leib vorbeikommen. Doch das ist kein reifer Weg. Das Überspringen führt immer in eine Sackgasse.

Die Träume

Schon die Bibel weiß darum, dass Gott zu uns im Traum spricht. Gott kann uns im Traum eine Botschaft vermitteln. Aber auch die Träume, die nicht auf den ersten Blick fromm zu sein scheinen, wollen uns etwas Wichtiges für unseren geistlichen Weg sagen.

Die *erste Bedeutung der Träume* besteht darin, dass Gott uns darin sagt, wie es um uns steht, was wir verdrängt haben. Wir meinen vielleicht, wir seien in Frieden mit uns selbst. Doch der Kriegstraum zeigt uns, dass wir noch mitten im Krieg mit uns selbst stecken. Wir glauben, wir würden unser Leben selbst in die Hand nehmen. Doch der Traum zeigt uns das innere Chaos. Da geht alles drunter und drüber. Da ist unsere Wohnung nicht aufgeräumt. Wir finden nicht, was wir suchen. Der Traum deckt uns unsere tiefere Wirklichkeit auf. Und es braucht Demut, sich dieser Wirklichkeit zu stellen. Es geht dann darum, den Traum im Gebet vor Gott zu halten und zu akzeptieren: Das bin ich auch. So sieht es in mir aus. Gott möge das innere Durcheinander ordnen und das Dunkle erhellen.

Die *zweite Bedeutung der Träume* ist, dass Gott uns oft die Schritte angibt, die wir gehen sollen, damit unser Leben gelingt und wir ein ganzer Mensch werden. Er gibt uns gleichsam das spirituelle Programm an, das wir erfüllen sollen. Und dieses Programm sieht oft ganz anders aus als das, das wir uns selbst auferlegt haben. Eine Frau möchte in Exerzitien einen Weg finden, wie sie eine bessere geistliche Disziplin lernen kann. Doch dann träumt sie davon, dass ihr Herz krank ist. Da merkt sie, es geht nicht um Disziplin, sondern um ihr Herz. Sie soll ihr Herz für Gott öffnen. Sie soll sich fragen, ob ihre Suche nach einer klaren Struktur wirklich Gottes Willen entspricht oder eher ihrem Ehrgeiz entspringt. Gott hat ihr in diesem Traum das eigentliche Thema angegeben, an dem sie in den Exerzitien arbeiten soll. Sie sollte ihr Herz für Gott öffnen und Gott die intimsten Gedanken und Gefühle des Herzens hinhalten. Gott möchte nicht ihre religiöse Leistung, sondern ihr Herz.

Die *dritte Bedeutung der Träume*: Sie sind Verheißungen. In ihnen zeigt uns Gott, dass wir schon weiter sind, als wir ahnen. Da träumen wir zum Beispiel mitten in depressiven Phasen von einem Licht, das uns erleuchtet. Gott weist uns damit auf das Heilende hin, das mitten in dem Kranken in uns ist, auf das Licht mitten in unserer Finsternis. Oder Gott lässt uns von einem Kind träumen, das wir auf dem Arm halten oder das mit uns geht. Ein Kind weist immer auf das Neue hin, das in uns geboren werden möchte, auf das Ursprüngliche und Echte, mit dem wir in Berührung kommen. Aber manchmal gehen wir im Traum unachtsam mit dem Kind um. Wir lassen es fallen. Es verletzt sich. Dann ist der Traum nicht nur Verheißung des Neuen, das in uns geboren wird, sondern zugleich Mahnung, behutsam mit diesem Neuen umzugehen und uns dessen bewusst zu werden, was da in uns werden möchte.

Und schließlich gibt es *numinose Träume*, etwa der Traum von einer Kirche, von einem alten Ritual oder von religiösen

Symbolen. Wir träumen von einem warmen Licht, das uns umgibt, und wissen im Traum, dass es Gott selbst ist, der uns mit seiner Liebe umgibt. Oder wir hören von irgendwoher Worte. Sie sind oft eine Botschaft, die Gott uns gibt, Weisung für unseren Weg. Oder wir wissen, der, der uns gerade begleitet, ist Jesus oder ein Heiliger. Oder wir sehen Jesus ganz deutlich vor uns, oder wir sehen auf einmal ein Bild Marias. Solche Träume hinterlassen immer eine tiefe Betroffenheit und Dankbarkeit. Manchmal können wir gar nicht unterscheiden zwischen Traum und Realität. Wir sollten dankbar sein für solche Träume und Visionen. Aber zugleich – so mahnen uns vor allem die Mystiker – sollen wir uns vor der Gefahr hüten, uns mit diesen Erfahrungen interessant zu machen und uns über andere zu stellen.

Wenn wir auf unsere Träume achten, dann brauchen wir keine Angst zu haben, dass wir nur einseitig mit unserem Willen den geistlichen Weg gehen. Wir lassen Gottes Licht bis in die Tiefen unserer Seele dringen, damit dort die Bilder verwandelt werden. Nur wenn die Bilder unseres Unbewussten von Gottes Licht erhellt werden, sind wir fähig, auch nach dem Geist Jesu zu leben.

John Eudes Bamberger, Trappist und zugleich Psychiater, drückt das auf dem Hintergrund der Lehre des Evagrius so aus: »Nur wo die Bilder und Ideen von Seele und Geist voll vom reinen Lichte Gottes umgestaltet sind, soweit das überhaupt möglich ist, können sich die Haltungen des Menschen und seine Aktivitäten harmonisch zur höchsten Blüte entfalten,

»Nur wo die Bilder und Ideen von Seele und Geist voll vom reinen Lichte Gottes umgestaltet sind, soweit das überhaupt möglich ist, können sich die Haltungen des Menschen und seine Aktivitäten harmonisch zur höchsten Blüte entfalten, die die früheren Missklänge aufhebt.« (John Eudes Bamberger)

die die früheren Missklänge aufhebt.« Es braucht eine Verwandlung in der Tiefe unserer Seele. Sonst ist unser geistliches Leben nur gewollt, und zu viel Verdrängtes beeinträchtigt unsere Frömmigkeit. Die Verwandlung der Bilder unserer Seele geschieht im Traum. Wer auf seine Träume achtet, der wird nicht an seiner Wahrheit vorbeileben. Denn den Traum kann er nicht manipulieren. Im Traum kommt das hoch, was sonst nicht angeschaut wird. Im Traum weist Gott uns auf alle Höhen und Tiefen, auf alles Helle und Dunkle unserer Seele hin, damit sein Licht alles verwandelt.

Die Beziehungen zu unseren Mitmenschen

Die Reife eines Menschen zeigt sich in seiner Beziehungsfähigkeit. Wenn jemand keine Freunde hat, ist das immer ein bedenkliches Zeichen. Ob einer beziehungsfähig ist, das liegt natürlich auch an seiner Veranlagung. Wir können für die Veranlagung nichts. Aber oft hängt die Beziehungslosigkeit auch damit zusammen, dass wir keine gute Beziehung zu uns selbst haben. Und daran können wir arbeiten. Nur wenn wir mit uns selbst in Beziehung sind, können wir auch gute Beziehungen zu Männern und Frauen aufbauen.

Ich habe eine Frau begleitet, die sich darüber beklagte, dass sie keine befriedigende Beziehung zu anderen findet. Nach einigen Gesprächen wurde klar, woran es lag. Sie hatte immer ihre Kindheit verherrlicht. Erst als sie es wagte, auch das Dunkle und Verletzende ihrer Kindheit anzuschauen, wurde sie fähig zu echten Beziehungen. Sie musste erst mit sich und ihrer Geschichte in Beziehung treten, bevor sie anderen wirklich begegnen konnte als die, die sie war. Vorher hatte sie in die Begegnung immer nur einen Teil von sich eingebracht und sich gewundert, dass die Begegnung nicht gelang.

Wenn wir mit uns in Beziehung sind, werden wir unsere Freunde und Freundinnen nicht mit unseren Übererwartungen überfordern. Wir werden beschenkt und werden andere beschenken. Es ist ein gutes Geben und Nehmen. Wir stehen nicht unter dem Druck, uns beweisen zu müssen. Wir dürfen einfach sein und lassen die anderen sein. Wir genießen die Freundschaft, ohne uns daran festzuklammern.

Es gibt eine Gefahr, eigene Beziehungsunfähigkeit religiös zu überhöhen. Wenn jemand meint, er brauche nur Gott und keine Menschen für seinen Weg, dann verdrängt er sein Bedürfnis nach wirklicher Beziehung. Manche schwärmen so von ihren religiösen oder mystischen Erfahrungen, dass sie ihre menschlichen Bedürfnisse überspringen. Sie wollen nicht wahrhaben, dass sie keine Beziehungen knüpfen können. Sie sprechen vom Einswerden mit Gott, das all ihre Sehnsucht erfüllt. Wenn ich mit Gott eins bin, dann bin ich wirklich für einen Augenblick ganz erfüllt. In diesem Augenblick gilt das Wort von Teresa von Ávila: »Gott allein genügt.« Aber ich kann das Einssein mit Gott nicht durchhalten. Im nächsten Augenblick bin ich wieder innerlich zerrissen. Und da brauche ich bei aller Erfahrung von Gottes heilender Nähe auch Menschen, mit denen ich mich austauschen kann.

Die Beziehung zu Gott ist kein Ersatz für die Beziehung zu einem Menschen. Eine gute Beziehung zu Gott und zu den Menschen ergänzt sich normalerweise. Gefährlich wird es, wenn ich vom Einswerden mit Gott schwärme und dabei gar nicht merke, dass ich mit diesem Schwärmen nur meine Unfähigkeit zu echter Beziehung überdecken möchte. Sobald das Schwärmen aufhört, fühle ich mich einsam und verzweifle an mir selbst.

Wenn ich in Gott gegründet bin, werde ich von anderen nicht abhängig. Aber gerade diese Freiheit von Abhängigkeit lässt mich die Freundschaft auch genießen. Daher besteht eine andere Gefahr darin, dass Menschen bestimmte Beziehungen religiös überhöhen und sich abhängig von spirituellen Begleitern oder Lehrern machen. Sie leben dann ihre Bedürfnisse nach Freundschaft nicht wirklich aus, sondern sie erfüllen sie unter dem Deckmantel der geistlichen Begleitung und der Hilfe, die der geistliche Meister ihnen schenkt. Doch dann entstehen Abhängigkeiten, die keinem guttun. Menschen schwärmen vom spirituellen Lehrer und können ohne ihn gar nicht mehr sein. Sie projizieren alle ihre Sehnsüchte in ihn hinein. Das tut weder dem Meister gut noch dem Schüler. Der bleibt in der Beziehung zum Meister selbst auf seinem inneren Weg stehen. In der Meinung, in seiner Nähe wichtige spirituelle Erfahrungen zu machen, weigert man sich, den Weg zu gehen, auf den Gott einen schickt. Man bleibt in einer infantilen Abhängigkeit vom Meister und braucht ständig seine Nähe, um sich in seiner Weisheit und Liebe zu sonnen.

Für die frühe Kirche war das neue Miteinander zwischen Juden und Griechen, zwischen Männern und Frauen, zwischen Armen und Reichen ein Zeichen, dass das Reich Gottes gekommen ist. Die benediktinische Spiritualität ist immer in der Gemeinschaft praktiziert worden. Der richtige Umgang in der Gemeinschaft war ein wichtiges Betätigungsfeld für die reife Beziehung zu Gott.

Es ist eine mühsame Aufgabe, täglich in Gemeinschaft einen spirituellen Weg zu gehen. Da kann man nicht abheben. Da muss man sich den täglichen Konflikten stellen. Da geht es darum, die Schwächen der Brüder und Schwestern zu tragen. Und es geht darum, immer wieder nach fairen Kompromissen zu suchen. Die Gemeinschaft schleift alles Extravagante ab. Sie konfrontiert uns ständig mit den eigenen Schattenseiten. Den Mitbrüdern kann man nichts vormachen. Da kommt alles ans Licht, was wir unter einem frommen Mantel verstecken möchten. Aber gerade so führt die Gemeinschaft zur Demut.

Es ist eine sehr nüchterne Spiritualität, die Benedikt verkündet. Er rechnet mit täglichen »Dornen der Ärgernisse«, die im Miteinander entstehen. Und er verlangt vom Abt, dass er sich diesen Ärgernissen stellt und immer wieder für den Frieden in der Gemeinschaft sorgt. Aber es ist Aufgabe jedes Einzelnen, dass das Miteinander gelingt. Es verlangt Rücksichtnahme, Verständnis für den anderen und den Verzicht, über andere zu urteilen und zu richten.

Immer wenn Menschen eine sehr ideologische Spiritualität praktizieren, tun sie sich schwer, sich auf eine Gemeinschaft einzulassen. Sie spalten oft die Pfarrei oder auch die neue Gemeinschaft von Gleichgesinnten, die sie gründen oder der sie sich anschließen. Eine Zeitlang kann eine Gemeinschaft von ideologisch Geprägten ganz gut gelingen, vor allem solange sie einen gemeinsamen Gegner hat. Doch schon nach kurzer Zeit wird sie sich spalten. Denn ihre Mitglieder haben nicht gelernt, sich auf die alltäglichen Konflikte einzulassen.

»Wie es einen bitteren und bösen Eifer gibt, der von Gott trennt und zur Hölle führt, so gibt es den guten Eifer, der von den Sünden trennt, zu Gott und zum ewigen Leben führt. Diesen Eifer sollen also die Mönche mit glühender Liebe in die Tat umsetzen, das bedeutet: Sie sollen einander in gegenseitiger Achtung zuvorkommen; ihre körperlichen und charakterlichen Schwächen sollen sie mit unerschöpflicher Geduld ertragen; im gegenseitigen Gehorsam sollen sie miteinander wetteifern; keiner achte auf das eigene Wohl, sondern mehr auf das des anderen; die Bruderliebe sollen sie einander selbstlos erweisen; in Liebe sollen sie Gott fürchten; ihrem Abt seien sie in aufrichtiger und demütiger Liebe zugetan. Christus sollen sie überhaupt nichts vorziehen. Er führe uns gemeinsam zum ewigen Leben.« (Regel des heiligen Benedikt)

Sie fliehen lieber in eine Ideologie, in Rechthaberei und in einen fanatischen Kampf für die richtige Lehre. Doch alles, was unter der Oberfläche der Ideologie verdrängt worden ist, wird irgendwann hochkommen und sich dann in Aggressivität oder Intrigen gegenüber den anderen ausdrücken.

Diese Gefahr besteht auch bei geistlichen Neuaufbrüchen, in denen anfangs die Gemeinschaft lebendig und anziehend ist, weil sie alle begeistert sind. Doch wenn die Begeisterung nicht in eine reife Spiritualität verwandelt wird, die sich nüchtern den täglichen Auseinandersetzungen stellt und dabei zu Kompromissen bereit ist, wird die Gemeinschaft in kurzer Zeit auseinanderfallen. Oder aber sie wird zusammengehalten durch eine starke Autorität, die alle Konflikte im Keim erstickt. Doch sobald diese Autorität wegfällt, bricht auch die Gemeinschaft entzwei.

In der Gemeinschaft zeigt sich auch, ob die Einzelnen ein Segen für das Miteinander sind oder aber ob sie Spaltung um sich erzeugen. Wer in sich gespalten ist, der wird auch die Gemeinschaft spalten. In der Gemeinschaft gibt es Glieder, die die anderen zusammenhalten. Sie sind wie ein Bindemittel für die Gemeinschaft. Und es gibt Glieder, die die Gemeinschaft nur für sich selbst benutzen, aber nichts für sie tun. Sie stellen immer nur Forderungen an die Gemeinschaft, ohne dass sie selbst bereit sind, sich für sie einzusetzen. Wenn nicht alles nach ihren Vorstellungen geht, dann kritisieren sie die Gemeinschaft, sie sei nicht spirituell genug, oberflächlich, und jeder würde nur seinen eigenen Vorteil suchen. In der Art, wie einer sich auf die Gemeinschaft einlässt, erkennt man den Reifegrad seiner Spiritualität. Der reife Mensch ist immer auch ein Segen für andere. Um ihn herum kann sich eine Gemeinschaft bilden. Er bindet die anderen nicht an sich, sondern er verbindet sie miteinander.

Die Arbeit

Für den heiligen Benedikt ist es ein wesentliches Kriterium für eine gesunde Spiritualität, ob einer sich in der Arbeit fordern lässt und ob ihm seine Arbeit gut von der Hand geht. Wenn jemand nur sehr langsam oder aber umständlich arbeitet, dann lässt das auf eine komplizierte Seele schließen. Da verbraucht jemand zu viel Energie für sich selbst und hat keine Energie für die Arbeit frei. Sich auf die Arbeit einzulassen ist ein Zeichen für die innere Freiheit. Manche benutzen Gott, um vor der Arbeit zu fliehen. Sie flüchten sich lieber in fromme Gefühle als in eine nüchterne Arbeit. Doch für Benedikt verweigert der, der vor der Arbeit davonläuft, sich letztlich auch Gott. Er lässt sich von Gott nicht fordern. Er missbraucht Gott für sich selbst. Er verwechselt Kontemplation mit Zeit für sich haben. In dieser Zeit kreist er um sich selbst, anstatt sich auf Gott einzulassen.

Ich erlebe immer wieder Menschen, die von ihren Gotteserfahrungen schwärmen. Aber wenn ich sie nach ihrem Alltag frage, wann sie aufstehen, wie sie ihre Arbeit verrichten, dann wird deutlich, dass ihr Leben ein einziges Chaos ist. Sie fliehen vor dem Chaos in die Spiritualität. Doch das ist keine reife Spiritualität.

Eine reife Spiritualität drückt sich in Fruchtbarkeit auch in der Arbeit aus. Wer sich Gott gegenüber geöffnet hat, der ist auch offen für die alltäglichen Verpflichtungen. Es gibt die »typisch Frommen«, die aber bei der Arbeit nicht zu gebrauchen sind. Sie lassen sich auf keine Terminabsprachen ein. Sie meinen, sie würden sich nicht in Hetze treiben lassen, sondern

»So sollt auch ihr, wenn ihr alles getan habt, was euch aufgetragen wurde, sagen: Unnütze Knechte sind wir; wir haben getan, was wir zu tun schuldig waren.« (Lukas 17,10)

»Wer im Kleinsten treu ist, der ist auch im Großen treu; und wer im Kleinsten unzuverlässig ist, der ist auch im Großen unzuverlässig. Wenn ihr nun mit dem ungerechten Mammon nicht treu wart, wer wird euch dann das wahre Gut anvertrauen? Und wenn ihr mit dem fremden Gut nicht treu wart, wer wird euch dann das eure geben?«
(Lukas 16, 10–12)

nach ihrem Rhythmus arbeiten. Aber letztlich sind sie unfähig, mit anderen verlässlich zusammenzuarbeiten. Und so wird in ihrer Art zu arbeiten deutlich, dass sie ihr Machtbedürfnis ausagieren und dass in ihnen viel Aggression steckt. Letztlich verweigern sie sich in ihrer Frömmigkeit gegenüber Gott und gegenüber dem Miteinander in der Arbeit.

Der Zusammenhang zwischen Arbeit und Spiritualität wird schon im Lukasevangelium sichtbar. Lukas hat sein Evangelium bewusst an den griechischen Mittelstand gerichtet und greift daher in den Worten Jesu vor allem die Beziehung zum Besitz und zur Arbeit auf.

In der Art und Weise, wie ich mit den Dingen des Alltags, mit den Gütern dieser Welt und mit der Arbeit umgehe, zeigt sich meine Spiritualität. Ich werde die geistigen Güter (das göttliche Leben) und das wahre Eigentum (den Reichtum der Seele) nicht erlangen, wenn ich nicht zuverlässig mit dem umgehe, was mir in der alltäglichen Arbeit anvertraut ist. Viele Christen haben diese Worte Jesu übersprungen. Sie meinen, Gott würde für alles sorgen. Und dieser Glaube führt dazu, dass sie unverantwortlich mit ihren Finanzen und mit ihrer Arbeit umgehen. Sie merken gar nicht, wie sie mit ihrer Art anderen zur Last fallen. Die anderen müssen dann ausbaden, was sie versäumt haben.

Auch die Worte Jesu im Lukasevangelium: »So sollt auch ihr, wenn ihr alles getan habt, was euch aufgetragen wurde, sagen:

Unnütze Knechte sind wir; wir haben getan, was wir zu tun schuldig waren.« beziehen sich auf eine Spiritualität, die sich in der Erfüllung der alltäglichen Pflichten ausdrückt. Jesus kommt es darauf an, dass wir das tun, was wir uns selbst, was wir dem Leben, dem Augenblick, den Erfordernissen des Alltags gegenüber schuldig sind. Einfach tun, was dran ist, darin besteht für Jesus echte Frömmigkeit. Da kann ich mich nicht mehr in fromme Gefühle flüchten. Es kommt vielmehr darauf an, dass ich mich den Herausforderungen des Alltags stelle. Es ist eine nüchterne Spiritualität, die Jesus hier fordert. Aber sie entspricht den Weisheitslehren vieler Religionen. Die Chinesen sagen: »Tao« ist das Gewöhnliche. Ob ich das Gewöhnliche des Alltags sorgfältig verrichte, ob ich einfach tue, was ich diesem Augenblick mit seinen Anforderungen schulde, davon hängt echte Spiritualität ab.

4 Die Gestalt eines reifen Glaubens

Wie sieht nun ein reifer Glaube, eine reife Spiritualität aus, die uns in unserem Prozess des Ganzwerdens unterstützen? Zunächst: Es gibt kein einheitliches Bild einer reifen Spiritualität. Denn Reife bedeutet ja gerade, dass *jeder seinen eigenen Weg* des Menschseins gefunden hat, dass jeder ganz und gar der einmalige Mensch geworden ist, als den Gott ihn gedacht hat.

Dennoch gibt es einige Aspekte, die mir für alle Formen zu gelten scheinen, weil sich in ihnen die Kraft eines reifen Glaubens zeigt und auswirkt.

Paulus gibt uns im Galaterbrief neun Kennzeichen eines reifen Glaubens an: Es sind *keine moralischen Forderungen*, die Paulus hier aufstellt, sondern *Zeichen für eine echte Spiritualität*. Paulus spricht von der Frucht in der Einzahl. Wenn der Geist Gottes in uns wirkt, dann drückt er sich in dieser Frucht aus. Die neun Früchte beschreiben eine Spiritualität, die Gott im Menschen wirkt, wenn er den Heiligen Geist in alle Bereiche seines Leibes und seiner Seele eindringen lässt.

Wenn wir ein ganzer Mensch werden – so meint Jesus – haben wir auch Anteil an Gott, dann haben wir Gott verstanden. Denn Gott »lässt seine Sonne aufgehen über Bösen und Guten, und er lässt regnen über Gerechte und Ungerechte« (Matthäus 5,45). Wir sind nur dann ein ganzer Mensch, wenn wir die Sonne unseres Wohlwollens über dem Bösen und Guten in uns scheinen lassen. Dann wird auch das Böse und Dunkle in uns erhellt. Und wir sind ganz, wenn wir es über das Gerechte und Ungerechte in uns regnen lassen, wenn alle erstarrten Fronten in uns sich auflösen und das ganze Leben zu strömen beginnt.

Die Kraft eines reifen Glaubens

Glaube und Vernunft

Ein reifer Glaube hat die Kraft, meinen Verstand zu befriedigen. Ich darf meinen Verstand nicht abgeben, wenn ich mich auf den Glaubensweg einlasse. Heute gibt es eine Tendenz, den Glauben nur als »Erfahrung« zu beschreiben. Dann setzt man die Erfahrung absolut und weigert sich, sie mit dem Verstand zu durchdringen und zu reflektieren. Eine andere Gefahr besteht heute darin, dass man sich nur auf die Gefühle beruft, die der Glaube in uns hervorruft. Doch dann bleibt der Glaube oft infantil. Wir baden uns in schönen Gefühlen, aber wir stellen uns dem Glauben nicht auf erwachsene Weise. Ich muss versuchen, zu verstehen, was ich glaube. Dazu braucht es auch die Anstrengung des Geistes.

So hat es mein Namenspatron Anselm von Canterbury verstanden. Er spricht von dem Glauben, der nach Einsicht sucht *(fides quaerens intellectum)*. Ich kann den Glauben zwar nicht mit dem Verstand begründen; aber was ich glaube, soll zumindest meinem Verstand auch einsichtig sein. Der Verstand muss wissen, wo er sich selbst übersteigen soll. Der Glaube darf zwar nicht auf den Verstand reduziert werden, aber wo der Verstand

Für **Anselm von Canterbury** *(1033–1109) gehört das fortwährende Streben nach Einsicht zum Wesen des Glaubens. Sein Ziel ist dabei nicht, den Glauben in ein rein rational begründbares Wissen aufzulösen, sondern die Verantwortbarkeit des Glaubens vor der Vernunft durch Gründe nachzuweisen.*

springen soll, das muss er nachvollziehen können. Sonst würde der Glaube den Verstand absetzen. Das würde aber unserer Würde widersprechen. Diese Sicht des heiligen Anselm führt auch dazu, dass jeder seine eigene Theologie entwickeln muss. Natürlich gibt es die breite Tradition der Theologie, die wir nicht überspringen sollen. Aber es genügt nicht, einfach zu schlucken, was andere sich ausgedacht haben. Es muss für mich verständlich sein. Und ich muss mir immer wieder selbst klar machen, was ich eigentlich glaube.

Der Glaube und die Zweifel

Zur Kraft eines reifen Glaubens zählt der rechte Umgang mit Zweifeln. Zweifel gehören zum Glauben. Früher haben sich manche in der Beichte angeklagt, wenn sie Glaubenszweifel hatten. Doch Zweifel sind ein wesentlicher Bestandteil des Glaubens. Ohne Zweifel würde ich einfach nur hinnehmen, was andere mir sagen. Der Zweifel zwingt mich, genauer hinzusehen, was ich glaube. Und er führt mich dazu, meine eigenen Vorstellungen von Gott infrage zu stellen und mich dem ganz anderen unbegreiflichen Gott zu öffnen.

Der Zweifel drängt mich zu fragen: Was glaube ich wirklich? Was bedeutet Menschwerdung Gottes? Wie kann ich das Geheimnis der Erlösung verstehen? Was erwartet mich im Tod und nach dem Tod? Wie kann ich die biblischen und dogmatischen Bilder verstehen? Wo ist Einbildung im Spiel? Wo projiziere ich nur meine eigenen Bedürfnisse in Gott hinein?

Der Zweifel hält den Glauben lebendig. Er ist kein Gegensatz zum Glauben, sondern notwendiger Bestandteil desselben.

»Ich fühle mich nicht zu dem Glauben verpflichtet, dass derselbe Gott, der uns mit Sinnen, Vernunft und Verstand ausgestattet hat, von uns verlangt, dieselben nicht zu benutzen.« (Galileo Galilei)

Nur ein Zweifel, der alles infrage stellt und sich gegen alles stellt, wäre ein Gegner des Glaubens. Der Zweifel treibt mich immer neu zu einem Glauben, den ich heute leben kann. Der Glaube ist nie ein fester Besitz. Ich muss mich immer wieder fragen, was ich eigentlich glaube und wie ich das, was ich glaube, auch verstehen kann. Dieses Verständnis muss täglich neu errungen werden. Es genügt mir nicht, einfach die Predigt vom letzten Jahr zu wiederholen. Ich muss mir heute neu formulieren, was ich glaube und wie ich meinen Glauben jetzt in meiner konkreten Situation verstehe.

Der Glaube und die Wirklichkeit der Welt

Zur Kraft eines reifen Glaubens gehört, dass er die ganze Wirklichkeit ernst nimmt. Das meint einmal: die Wirklichkeit der Natur. Der Glaube hat sich immer schon mit den Erkenntnissen der Naturwissenschaft beschäftigt. Es geht nicht an, Gott nur als Lückenbüßer zu sehen für das, was wir naturwissenschaftlich noch nicht wissen. Denn dann würde Gott mit neuen Erkenntnissen nicht mehr nötig sein. Es braucht immer wieder eine neue Auseinandersetzung, wie wir Naturwissenschaft und Glauben zusammenbringen können.

Der Glaube muss sich auf allen Gebieten weiterbilden. Sonst würden wir uns im Glauben ein Gedankengebäude zusammenzimmern, das durch die Erkenntnisse anderer Wissenschaften in sich zusammenfallen würde. Wie sehe ich Gott, wenn ich die Dimensionen des Weltalls betrachte? Wie verstehe ich Gott, wenn ich die Embryonenforschung studiere und erkenne, wie viel der Mensch heute schon am Leben herumbasteln kann? Hier braucht der reife Glaube auch ein gesundes Wissen. Sonst

»Die Naturwissenschaft braucht der Mensch zum Erkennen, den Glauben zum Handeln.« (Max Planck)

Die Gestalt eines reifen Glaubens

isoliert er sich und verschließt sich in sich selbst. Wir dürfen im Glauben nicht die Augen verschließen vor dem, was die Wissenschaft uns als Erkenntnis anbietet. Erst dann wird es ein verantwortlicher Glaube, ein Glaube, der das Wissen ernst nimmt, aber zugleich tiefer blickt, der in den Grund allen Seins vordringt, in Gott, das unbegreifliche und unaussprechliche Geheimnis.

Der Glaube und die Seele

Die andere Wirklichkeit, die wir in der Kraft eines reifen Glaubens anschauen, ist die Realität unserer Seele. Zu Beginn der psychologischen Wissenschaft haben viele Psychologen die Religion als Zwangsneurose gekennzeichnet und sie als Ersatz für das ungelebte Leben gesehen. Das hat vor hundert Jahren ein Misstrauen vieler Theologen gegenüber der Psychologie erzeugt. Heute sieht die Psychologie den Glauben anders. Sie ist offen für die spirituelle Dimension des Menschen. Die transpersonale Psychologie meint, das spirituelle Bedürfnis gehöre genauso wesentlich zum Menschen wie das sexuelle.

Mir persönlich hat die Begegnung mit der Jungschen Psychologie geholfen, den christlichen Symbolen und Ritualen neu zu vertrauen und sie für mein Leben fruchtbar zu machen. Die Psychologie kann eine Hilfe sein, die biblischen Texte besser zu verstehen und die Weisheit und therapeutische Dimension des Wirkens Jesu neu zu entdecken. Aber die Psychologie hat für mich auch eine kritische Funktion für meinen Glauben. Sie zeigt mir, wo der Glaube Ersatz ist für mangelnde Reife. Sie deckt mir auf, wo ich meine neurotischen Lebensmuster auf Gott projiziert habe und wo mein Glaube durch infantile Strukturen geprägt ist. Zugleich aber lädt mich die Psychologie ein, einen reifen Glauben zu entwickeln, einen Glauben, der mein ganzes Menschsein in den Blick nimmt und es Gott hinhält, damit Gott es durch seinen Geist durchdringt, heilt und verwandelt.

»Wer glaubt, etwas zu sein, hat aufgehört, etwas zu werden.«
(Philip Rosenthal)

Der reife Glaube stellt sich der Psychologie. Er rechtfertigt sich nicht an der falschen Stelle. Der Glaube darf nicht auf Psychologie reduziert werden. Aber er muss sich fragen lassen, wo er infantile Züge trägt und wo er zur Verdrängung der psychischen Realität beiträgt. C. G. Jung hat einmal die Frage gestellt, warum sich so viele Theologen gegen die Psychologie wenden, da sie doch nichts anderes möchte, als das christliche Paradox zu realisieren, dass nur der – und damit zitiert er Epheser 4,8–11 – in den Himmel aufsteigt, der zuvor hinabgestiegen ist zur Erde. Damit meint er: hinabgestiegen in das Reich der eigenen seelischen Realität, des eigenen Schattens. Nur wenn wir die Demut aufbringen, in unsere Wahrheit hinabzusteigen, wird sich der Himmel über uns öffnen. Nur dann werden wir auch fähig, wirklich Gott zu erfahren als den, der in Jesus in die Tiefen unseres Menschseins hinabgestiegen ist, um alles in uns zu erhellen und zu heilen, damit wir wie er alles in den Weg unserer Menschwerdung einbeziehen und auf diesem Weg ein ganzer Mensch werden.

Die Kennzeichen eines reifen Glaubens

»Die Frucht des Geistes aber ist Liebe, Freude, Friede, Langmut, Freundlichkeit, Güte, Treue, Sanftmut und Selbstbeherrschung.«
(Galater 5,22–23)

Liebe

Ob eine Spiritualität reif ist, zeigt sich an der Liebe, die von einem Menschen ausgeht. Dabei müssen wir unterscheiden zwischen den Forderungen nach Liebe und der wirklichen Liebe. Viele unterstreichen, dass die Liebe das Wichtigste ist, aber es geht von ihnen selbst keine Liebe aus. Menschen sprechen viel von Liebe, aber man spürt sie bei ihnen nicht. Die Liebe ist zum einen eine Atmosphäre von Wohlwollen und Wärme, die wir bei einem Menschen spüren. Wir sagen von einem Menschen, dass von ihm etwas Liebes ausgeht. Bei anderen, die Nächstenliebe predigen, schauen wir oft in ein hartes Gesicht und können darin von dieser Liebe nichts erkennen. Zum anderen äußert sich die Liebe ganz konkret im Einsatz für den Bruder und für die Schwester, in der Bereitschaft, einem zur Seite zu stehen, ohne zu berechnen, ob es mir etwas bringt. Der heilige Benedikt hat diese Liebe sehr nüchtern beschrieben. Sie besteht darin, dass wir die täglichen Dienste für die Gemeinschaft übernehmen, dass wir zuverlässig sind in unserem Umgang miteinander und dass wir frei sind vom Richten und Urteilen über andere.

Die Liebe, von der Paulus schreibt, ist eine Kraft des Heiligen Geistes. Sie verwandelt das Denken und Handeln des Menschen. Sie prägt alles, was von einem Menschen ausgeht. Sie ist wie eine Quelle, aus der ein Mensch schöpft und die ihm eine neue Qualität, einen neuen Geschmack verleiht. Es geht dabei nicht um die Frage, ob ich diesen oder jenen Menschen liebe, ob ich ihm gerecht werde und ihn achte. Vielmehr geht es darum, dass all mein Reden, Denken und Tun aus einer

> *»Die Liebe ist langmütig, gütig ist die Liebe, sie ist nicht eifersüchtig, die Liebe prahlt nicht, sie bläht sich nicht auf. Sie handelt nicht taktlos, sie sucht nicht den eigenen Vorteil, sie lässt sich nicht erbittern, sie trägt das Böse nicht nach. Sie freut sich nicht über das Unrecht, freut sich vielmehr mit an der Wahrheit. Alles erträgt sie, alles glaubt sie, alles hofft sie, alles duldet sie. Die Liebe hört niemals auf.« (1 Korinther 13,4–8a)*

Quelle strömt, die Paulus den Heiligen Geist nennt und die er als Liebe versteht. Liebe ist für Paulus eine göttliche Macht, die sich des Menschen bemächtigt und durch ihn in dieser Welt erfahrbar wird.

Eine reife Spiritualität strahlt etwas von dieser Liebe aus. Es ist eine Liebe, die im anderen kein schlechtes Gewissen hinterlässt, sondern einen angenehmen Geschmack, Dankbarkeit und das Gefühl von Angenommensein und Geliebtsein.

Freude

Freude kann man nicht befehlen. Sie muss sich auch nicht immer in einem fröhlichen Miteinander ausdrücken. Aber wir spüren, was die Grundstimmung eines Menschen ist, ob da bei allem, was er tut, Freude zu spüren ist oder aber Resignation, Traurigkeit oder gar Bitterkeit. Die frühen Mönche sprachen von der Heiterkeit der Seele und sahen darin ein Kriterium echter Spiritualität.

Der Himmel ist heiter, wenn er klar und hell und wolkenlos ist. So ist eine Seele heiter, wenn keine dunklen Wolken der Traurigkeit die Klarheit des Geistes trüben. Wir können nicht immer froh sein. Wir sollen uns auch dem Schmerz und dem Leid stellen. Dann wird unsere Seele mit Trauer reagieren. Aber wir spüren es einem Menschen an, ob unter all dem Leid und aller Trauer auf dem Grund seiner Seele Freude ist. Diese Freude sehen wir oft aus den Augen strahlen. Und wir sehen sie an seiner Körperbewegung. Die Kirchenväter sprechen von der unzerstörbaren Freude. Es ist die geistgewirkte Freude. Sie kann auch durch Schicksalsschläge nicht zerstört werden. Die Freude weitet das Herz. Und sie urteilt nicht über andere. Sie steckt an und verbreitet um sich eine heitere und gelöste Atmosphäre.

Friede

Friede ist die dritte Frucht des Geistes. Wer einen geistlichen
Weg geht, der sollte mit sich Frieden schließen, mit all dem,
was in ihm ist, auch mit seinen Schattenseiten. Nur wenn er
mit sich im Frieden lebt, wird er auch um sich herum Frieden verbreiten. Der Friede ist kein sicherer Besitz. Er muss
immer wieder errungen werden. Denn wir werden mit neuen
Seiten in uns konfrontiert, die uns gar nicht schmecken. Oder
es widerfährt uns etwas, das uns aus der Bahn wirft. Da braucht
es immer wieder die Bereitschaft, Frieden zu schließen mit sich
und seinem Leben und mit unseren Mitmenschen. Nur so werden wir fähig, um uns herum Frieden zu stiften, einen Frieden,
der dauerhaft anhält.

Friede entsteht, wenn wir mit dem, was in uns ist, sprechen und verhandeln. Wer im Frieden mit sich leben will, der
darf nichts, was sich in ihm regt, übersehen oder überhören.
Er muss es beachten und damit ein Gespräch anfangen. Im
Gespräch muss er herausfinden, was diese oder jene Emotion,
diese oder jene Leidenschaft von ihm will und welchen Raum
er ihr geben möchte, damit sie nicht mehr gegen ihn kämpft,
sondern ihm dient.

Langmut

Langmut heißt im Griechischen *Makrothymia*, das heißt übersetzt »der große Mut«, das weite Herz. Für den heiligen Benedikt ist das weite Herz das zentrale Kriterium für eine gesunde
Spiritualität. Gott kann nur in einem weiten Herzen wohnen.
Dort, wo wir eng und kleinkariert sind, hat Gott in unserem

*»Wir sind nicht nur verantwortlich für das, was wir tun, sondern
auch für das, was wir nicht tun.« (Molière)*

»Wir wollen also eine Schule für den Dienst des Herrn einrichten.
Bei dieser Gründung hoffen wir, nichts Hartes und nichts Schweres
festzulegen. Sollte es jedoch aus wohlüberlegtem Grund etwas stren-
ger zugehen, um Fehler zu bessern und die Liebe zu bewahren, dann
lass dich nicht sofort von Angst verwirren und fliehe nicht vom Weg
des Heils; er kann am Anfang nicht anders sein als eng. Wer aber
im klösterlichen Leben und im Glauben fortschreitet, dem wird das
Herz weit, und er läuft in unsagbarem Glück der Liebe den Weg der
Gebote Gottes.« (Regel des heiligen Benedikt)

Herzen keinen Platz. Da wohnen nur unsere eigenen Gottesbilder, aber nicht der wahre Gott. Wer ein weites Herz hat, der
ist frei von der Tendenz, über andere zu urteilen oder sich ständig über andere aufzuregen. Er kann sich auch nicht ereifern
für das rigide Einhalten von Normen. Er hat in der Weite die
Freiheit des göttlichen Geistes gespürt. Und diese Weite vermittelt er mit allem, was er denkt und sagt und tut.

Immer wenn in der Kirche religiöse Eiferer auftreten, fehlt
ihnen die Weite des Herzens. Mit ihrem engen Herzen verbreiten sie um sich herum Enge. Sie regen sich über jeden
auf, der anders denkt als sie. Das weite Herz bedeutet jedoch
nicht Laxheit. Benedikt meint, nur der erlange diese Weite, der
zuerst den engen Weg des klösterlichen Lebens geht. Wir müssen durch die Enge der eigenen Selbstbegegnung und durch
die Enge des Miteinanders hindurchgehen, um in die Weite
zu gelangen.

Freundlichkeit

Freundlichkeit ist eine weitere Frucht des Geistes. Das griechische Wort *Chrestotes* meint ursprünglich »Redlichkeit«
und »Tüchtigkeit«; es kann aber auch Güte, Freundlichkeit

und Milde bedeuten. Diese Haltung wurde oft dem Herrscher zugeschrieben. Der Herrscher wurde gelobt, wenn er milde und menschenfreundlich ist. Das ist für mich ein wichtiges Bild. Diese Freundlichkeit ist etwas anderes als die Freundlichkeit des Kellners, der zu den Gästen freundlich sein muss, auch wenn sie noch so schwierig sind, der hinter seiner Freundlichkeit aber eine Menge Aggression verbirgt. Wahrhaft freundlich kann ich nur als Herrscher sein, als einer, der über sich selbst herrscht und der nicht von anderen (zum Beispiel von Kunden oder Gästen) beherrscht wird. Wer sich selbst kennengelernt hat, der schaut mit einem freundlichen und milden Blick auf sich selbst. So vermag er auch auf die anderen mit einem milden Auge zu sehen. Er ist freundlich, weil er will und nicht weil er muss. Seine Freundlichkeit atmet die Weite der Freiheit.

Güte

Güte heißt im Griechischen *Agathosyne*. Das Wort bedeutet »auf das Gute zu sinnen«, das heißt, dass ich das Gute bedenke und gut vom anderen denke. Güte meint also, dass ich das Gute in mir und in den Menschen um mich herum sehe. Sie

> *»Alle Fremden, die kommen, sollen aufgenommen werden wie Christus; denn er wird sagen: ›Ich war fremd, und ihr habt mich aufgenommen.‹ Allen erweise man die angemessene Ehre, besonders den Brüdern im Glauben und den Pilgern. Sobald ein Gast gemeldet wird, sollen ihm daher der Obere und die Brüder voll dienstbereiter Liebe entgegeneilen. Zuerst sollen sie miteinander beten und dann als Zeichen der Gemeinschaft den Friedenskuss austauschen. (…) Allen Gästen begegne man bei der Begrüßung und beim Abschied in tiefer Demut: man verneige sich, werfe sich ganz zu Boden und verehre so in ihnen Christus, der in Wahrheit aufgenommen wird.« (Regel des heiligen Benedikt)*

entspricht dem, was der heilige Benedikt von seinen Mönchen fordert: dass sie Christus im Bruder und in der Schwester sehen. Ich soll an den guten Kern in jedem Menschen glauben. Dann werde ich das Gute auch in ihm wecken.

Manche Christen sprechen pessimistisch vom Menschen. Sie beklagen sich, dass die Menschen schlecht sind, dass sie nicht mehr glauben, sondern nur egoistisch ihre Zwecke verfolgen. Natürlich gibt es auch das Böse. Aber wer ständig auf das Böse schaut, der offenbart sich selbst. Er sieht das Böse in den anderen, weil er es bei sich selbst zwar bemerkt, aber nicht wahrhaben will.

Es ist ein wesentliches Kriterium einer reifen Spiritualität, dass ich das Gute im Menschen sehen kann, auch in dem, der nach außen hin böse ist und Böses tut. Ich übersehe das Böse nicht, aber ich sehe durch es hindurch auf den guten Kern, an den ich glaube. Das deutsche Wort »glauben« hat als Wurzel *liob*, was »gut« bedeutet. Glauben heißt, das Gute sehen. Ob wir also wirklich glauben, zeigt sich daran, ob wir das Gute in uns und in den Menschen sehen.

Treue

Paulus zählt als nächste Frucht des Geistes die *Pistis* auf. *Pistis* kann Treue bedeuten, aber auch Glaube und Vertrauen. Glaube im Sinn des heiligen Paulus heißt nicht, irgendwelche Sätze für wahr zu halten, sondern Vertrauen in das Leben zu haben, weil ich Gott vertraue, dem eigentlichen Grund meines Lebens, dem Grund, der mir Festigkeit schenkt.

Treue hat mit Festigkeit zu tun. Ich habe einen festen Stand, auf dem ich zuverlässig stehen kann. Auf einen treuen Menschen kann man bauen. Er vermittelt Festigkeit. Er steht fest inmitten aller Turbulenzen. Wer auf seinem Glaubensweg zu dieser Treue gelangt ist, der wird ein Segen für andere. Er schwankt nicht bei jeder Welle, die über ihm zusammenschlägt. Er bleibt stehen, auch wenn andere fliehen. So können sich andere an ihn anlehnen und in seiner Nähe für sich einen festen Grund suchen. Ein treuer Mensch hat eine gute Ausstrahlung.

Die Tugenden, die Paulus beschreibt, kann man nicht einfach mit dem Willen erzwingen. Sie sind Haltungen, die uns und anderen Halt geben. Sie sind Ergebnisse eines langen spirituellen Weges. Und sie sind für andere erfahrbar und sichtbar. Man spürt es einem Menschen an, dass er treu ist. Treue Menschen tun uns gut.

Sanftmut

Das deutsche Wort Sanftmut macht auf den ersten Blick den Eindruck des Schwächlichen. Doch »sanft« kommt von »sammeln«. Sanftmütig ist der, der den Mut hat, alles in sich zu versammeln. Er spaltet nichts von sich ab, sondern lebt im Frieden mit allem, was in ihm ist. Das ermöglicht es ihm, auch sanft mit anderen umzugehen, auch andere um sich zu sammeln und friedlich mit ihnen zusammenzuleben.

Das griechische Wort für Sanftmut, das Paulus benutzt, meint vor allem ein mildes und friedliches Verhalten gegenüber dem Nächsten. Der sanfte Mensch ist in sich gesammelt.

»Es gibt in der Tat keine Tugend, die die Dämonen so fürchteten wie die Sanftmut. Diese Tugend besaß ja auch Moses, der sanftmütiger als alle Menschen genannt ward. Und der heilige David zeigt auf, dass sie es ist, die des Gedenkens Gottes würdig macht, wenn er spricht: Gedenke, Herr, des David und all seiner Sanftmut. Aber auch unser Erlöser selbst hat uns geboten, Nachahmer seiner eigenen Sanftmut zu werden, indem er spricht: Lernet von mir, denn ich bin sanftmütig und demütig von Herzen, und ihr werdet Ruhe finden für eure Seelen.« (Evagrius Ponticus)

Er reagiert nicht erbittert oder erbost gegenüber anderen. Diese Haltung wurde in der stoischen Philosophie gepriesen. Dabei meint die Stoa kein passives Hinnehmen, sondern eine überlegene Gelassenheit, die auf innere Weisheit schließen lässt. Sanftmut zeichnet für die griechischen Philosophen gerade den Edelgesinnten und Gebildeten aus. Sie ist ein Schmuck der Seele.

Evagrius Ponticus rühmt die Sanftmut des Mose und die Sanftmut Jesu. Sanftmut hat eine positive Ausstrahlung auf die Umgebung. Wenn fromme Menschen einen unangenehmen Eindruck hinterlassen, ist es immer ein Zeichen, dass ihre Spiritualität noch unreif ist.

Selbstbeherrschung

Selbstbeherrschung ist die letzte Frucht des Heiligen Geistes, die Paulus nennt. Die Griechen sprechen von *Enkrateia*. Der Ausdruck heißt wörtlich übersetzt: »in der Kraft sein« oder »in sich herrschen«. Die reife Spiritualität führt also zu einem Menschen, der in sich selbst herrscht und nicht von anderen beherrscht wird, weder von der Meinung anderer noch von ihrem Einfluss oder Befehl. Der über sich selbst bestimmende Mensch ist in sich frei. Er lässt sich nicht von anderen in eine Richtung drängen, die für ihn nicht stimmt. Er steht in sich selbst, in seiner Kraft. Und von ihm geht auch Kraft aus.

Das griechische Wort *Enkrateia* kann auch Enthaltsamkeit bedeuten. Die Selbstbeherrschung zeigt sich darin, dass ich nicht jedem Bedürfnis nachgehen muss, sondern dass ich frei entscheiden kann, was ich möchte und was nicht, was ich genieße und was nicht. Sich selbst beherrschen ist etwas anderes als sich zu kontrollieren. Es gibt Menschen, die alles kontrollieren wollen. Ihnen gerät das Leben sicher außer Kontrolle. Sie wollen selbstbeherrscht erscheinen und ihre Emotionen kontrollieren.

»In einer alten Mönchsgeschichte wird von einem Bruder erzählt, der zu Abbas Serapion kommt und sich als den unwürdigsten Sünder bezeichnet. Serapion geht auf diese Selbstbeschuldigung nicht ein, sondern rät ihm einfach, er solle in seinem Kellion bleiben, das würde ihn alles lehren. Da reagiert der Bruder voller Ärger: Sein Aussehen veränderte sich so, dass es dem Greis nicht verborgen blieb. Nun sprach der Altvater Serapion zu ihm: Bis jetzt hast du gesagt: ich bin ein Sünder, und klagtest dich an, des Lebens nicht würdig zu sein. Nachdem ich dich aber in Liebe erinnert habe, bist du so wild geworden. Wenn du demütig sein willst, dann lerne es mannhaft ertragen, was dir von anderen zugebracht wird, und halte an dich mit leeren Worten. Als der Bruder das hörte, fiel er dem Greis zu Füßen und ging dann mit großem Nutzen weg.« (Weisheit der Väter)

Doch wenn sie jemand kritisiert, geraten sie schnell außer Kontrolle. Die Altväter haben im frühen Mönchtum oft vermeintlich Fromme etwas unsanft angesprochen, um zu sehen, wie sie reagieren. Wenn sie ärgerlich reagieren, dann war es für sie ein Zeichen, dass es mit ihrer Reife nicht weit her ist.

Alle neun Früchte des Heiligen Geistes, die Paulus nennt, sind Haltungen, die uns Halt geben, Tugenden, damit unser Leben taugt, Quellen, aus denen wir schöpfen können. Die Früchte wirken aber immer auch auf andere. Sie erzeugen in uns eine gute Ausstrahlung auf andere. Wer in sich diese Früchte vorfindet, der hat eine angenehme Ausstrahlung. Man sieht es ihm an, dass in ihm eine reife Frucht gewachsen ist. In seiner Nähe ist man gerne. Wer auf seinem spirituellen Weg reif und ganz geworden ist, der findet immer Menschen, die mit ihm über die eigentlichen Dinge des Lebens sprechen. Ja, oft fangen die anderen auf einmal an, sich ihnen gegenüber zu öffnen. Sie haben das Gefühl: Dieser Mensch versteht mich. Mit ihm kann ich über meine Seele reden. Der urteilt und wertet nicht. Der hört zu und lässt mich gelten.

Der Glaubensweg, so wie ihn die frühen Mönche verstanden haben, führt immer über die Wirklichkeit der eigenen Psyche. Daher beschäftigt sich ein reifer Glaube mit den Gedanken und Gefühlen, mit den Trieben und Leidenschaften, mit dem Bewussten und Unbewussten, mit den Lebensmustern, die aus der Erziehung stammen, mit Verletzungen und Kränkungen. Ohne diese Beschäftigung wäre der Glaube in Gefahr, alles mit einem frommen Pflaster zu bedecken. Doch dann fällt der Glaube in sich zusammen, sobald das Unterdrückte sich machtvoll zu Wort meldet. Der reife Glaube will den ganzen Menschen in den Blick nehmen. Alles sollen wir Gott hinhalten, damit alles, was in uns ist, von Gott verwandelt werden kann. Nur so werden wir ein ganzer Mensch, ein vollständiger Mensch, wie C. G. Jung das griechische Wort *teleios* übersetzt, das herkömmlicherweise mit »vollkommen« wiedergegeben wird. Wir sollen nicht perfekt, nicht fehlerlos werden, sondern ganz, vollständig.

Von den Rändern und Zäunen

Ein schönes Bild für diese Ganzwerdung bringt uns das Lukasevangelium im Gleichnis vom Festmahl. Lukas ist der griechisch gebildete Evangelist. Er deutet die Botschaft Jesu für die Griechen. Und für Menschen, die von griechischer Philosophie geprägt waren, war die Frage besonders wichtig, wie der Mensch aus der Zerrissenheit zur Einheit findet und wie er ein ganzer Mensch wird.

Jesus erzählt uns im Gleichnis von einem Festmahl, das ein Mann veranstaltete. Als die geladenen Gäste nicht kommen wollten, weil sie Wichtigeres zu tun hatten, sagt der Herr zu seinem Diener: »Geh schnell hinaus auf die Straßen und Gassen der Stadt und führe die Armen und Krüppel und Blinden

»Da sagte der Herr zum Knecht: Geh hinaus an die Landstraßen
und an die Zäune und nötige sie hereinzukommen, damit mein Haus
voll wird!« (Lukas 14,23)

und Lahmen hier herein. Wenig später meldete der Knecht:
Herr, es ist geschehen, wie du befohlen hast; aber es ist immer
noch Platz. Da sagte der Herr zum Knecht: Geh hinaus an die
Landstraßen und an die Zäune und nötige sie hereinzukommen, damit mein Haus voll wird!« (Lukas 14,21–23).

Das Festmahl steht für das Einswerden mit Gott. Alles in
uns soll zum Festmahl kommen. Alles in uns soll in die Einheit
mit Gott hineingehoben werden. Gerade das Arme und Ver-
krüppelte, das Blinde und Lahme in uns ist eingeladen, eins zu
werden mit Gott. Das heißt aber auch, dass wir uns mit ihm aussöhnen, dass wir es nicht von unserer Ganzwerdung ausschließen. Und das, was an den Landstraßen außerhalb der Stadt her-
umsteht, wird auch eingeladen. Das steht für all das, was wir
an den staubigen Landstraßen unseres Lebens verloren haben,
was wir ausgeschlossen haben von unserer Stadt, von unserem
bewussten Zentrum. Es gibt vieles in unserem Leben, das wir
einmal wahrnehmen und dann liegen lassen. Jesus sagt: Alles,
was du je erlebt hast, soll hineingenommen werden in das Festmahl. Es soll eins werden mit dir und mit Gott. Auch das, was
von deinem inneren Zentrum weit entfernt ist, hat ein Recht auf
Integration. Der Glaube, den Jesus gepredigt hat, will den ganzen Menschen, den Menschen, der alles, was er erfährt, in sein
Wesen mit hineinnimmt und in die Beziehung zu Gott bringt.

Verloren und wiedergefunden

Auch die drei Gleichnisse vom verlorenen Schaf, von der verlorenen Drachme und vom verlorenen Sohn (Lukas 15) schil-
dern in der Deutung des Lukas den Weg der Ganzwerdung.

Hundert Schafe stehen für die Ganzheit des Menschen. Wenn er ein Schaf verliert, dann fehlt ihm etwas Wesentliches. Daher ist es wichtig, dass er diesem einen verlorenen Schaf nachgeht, bis er es findet. Dann kann er ein Fest der Ganzwerdung feiern (Lukas 15,4–6). Die Frau, die zehn Drachmen hat und eine verliert, hat ihre Ganzheit verloren (Lukas 15,8–9). Sie muss – so deutet es ein anderer Grieche, Gregor von Nyssa – in die Tiefen ihres Unbewussten steigen und dort mit dem Licht des eigenen Bewusstseins nach der Drachme suchen. Die »Drachme« deutet Gregor als Bild Christi in uns, als Bild für das wahre Selbst. Wir haben unser Selbst oft aus Unachtsamkeit verloren. Daher braucht es die Achtsamkeit, um unser wahres Bild in der Oberflächlichkeit unseres Lebens zu entdecken und zu finden. Das Fest, das die Frau mit ihren Freundinnen und Nachbarinnen feiert, ist das Fest der Ganzwerdung mit allen Seelenkräften.

Auch in dem wohl schönsten Gleichnis, dem Gleichnis vom verlorenen Sohn (Lukas 15,11–32) geht es um Ganzwerdung. Der Vater hat zwei Söhne. Der eine Sohn will hinaus in die Welt. Er verschleudert sein Vermögen und stillt schließlich seinen Hunger mit billigem Zeug. Er geht in sich, er kommt zu sich selbst und kehrt um. Sein Vater nimmt ihn liebevoll auf und feiert ein fröhliches Fest: »Denn dieser mein Sohn war tot und lebt wieder; er war verloren und ist wieder gefunden worden« (Lukas 15,24).

Der Sohn, der in die Fremde ausgezogen und dort gescheitert ist, findet sich wieder. Er bringt seine Erfahrung ein in die Ganzheit. Der ältere Sohn, der daheim geblieben ist, ärgert

*Der als einer der großen Kirchenlehrer verehrte Theologe **Gregor von Nyssa** (ca. 338/39–394) erarbeitete eine eigenständige Zusammenschau des christlichen Glaubens und des philosophischen Denkens seiner Zeit. Seine Lehre hat in der mystischen Tradition fortgewirkt.*

*»Denn dieser mein Sohn war tot und lebt wieder; er war verloren
und ist wieder gefunden worden.« (Lukas 15,24)*

sich über die liebevolle Aufnahme des jüngeren Sohnes durch
den Vater. Der Vater muss auch ihn zum Fest einladen. Auch
das Angepasste, das Bürgerliche, das Gewöhnliche, das Ängst-
liche, das Erstarrte muss integriert werden, damit nichts in uns
verloren geht.

Das Kreuz

Die Bibel ist voll von Bildern der Ganzheit. Ein Bild der Ganzheit wird uns täglich im Kreuz vor Augen gehalten. Das Kreuz
ist für viele Völker ein Heilszeichen, ein Bild der Einheit aller
Gegensätze. Alles ist im Kreuz zusammengehalten: Himmel
und Erde, Licht und Dunkel, Gott und Mensch, Mann und
Frau, Bewusstes und Unbewusstes, das Herz und das Handeln.
Am Kreuz hat uns Jesus bis zur Vollendung (*eis telos*) geliebt. Da
hat er alles Menschliche hineingenommen in seine göttliche
Liebe. Alles in uns ist berührt von Gottes Liebe, die in Jesu Tod
am Kreuz sichtbar geworden ist. Daher gibt es nichts mehr in
uns, was wir von Gottes Liebe und von unserer eigenen Liebe
ausschließen dürfen. Alles ist von Gott geliebt. Und alles will
integriert werden in unser Leben.

Im Lukasevangelium spricht der Hauptmann unter dem
Kreuz, der Zeuge des Todes Jesu wird: »Wahrhaftig, dieser
Mensch war ein Gerechter!« (Lukas 23,27). Für das Evangelium ist Jesus am Kreuz das Urbild des gerechten Menschen,
des richtigen Menschen, des Menschen, der alles in sich vereint
hat. So ist das Kreuz eine ständige Mahnung an uns, nichts zu
verdrängen, nichts zu unterdrücken und nichts vom Weg unserer Menschwerdung auszuschließen. Das Kreuz Jesu Christi
fordert uns auf, wie Jesus ein ganzer Mensch zu werden, in uns

Himmel und Erde, Gott und Mensch, Mann und Frau, Bewusstes und Unbewusstes zu vereinen, damit wir immer mehr zum gerechten Menschen werden, zu einem Menschen, der allem, was in ihm ist, gerecht wird und so aufrecht und richtig lebt.

5 Der christliche Weg: Übungen des Glaubens, Übungen im Mensch-Werden

Die Wege, die die christliche Überlieferung uns anbietet, können alle zu einem reifen Glauben führen: die Schriftlesung, das Gebet, die Feier der Sakramente, der Mitvollzug des Kirchenjahres. Es kommt nur darauf an, dass wir die Wege richtig verstehen und dass wir sie so gehen, dass sie uns zur Reife bringen. Dazu braucht es die richtige Brille, die richtige Sichtweise, mit der wir an die traditionellen Wege herantreten.

Wer mit einer rigiden Brille diese Wege geht, der wird auf dem Weg hart werden. Wer mit einer moralisierenden Sicht den Weg beschreitet, wird eng werden und sich oft genug überfordert fühlen. Er wird zwar einiges in sich verändern, aber zugleich wird in ihm die Angst wachsen, doch nicht so ideal zu sein, wie er vorgibt. Und er wird all seine Anstrengungen unternehmen, um sein schlechtes Gewissen zu beruhigen. Die Menschen in seiner Umgebung sehen dann nicht das, was er aus sich gemacht hat, sondern durch alles hindurch spüren sie sein schlechtes Gewissen, das auch in ihnen eher Enge und Angst oder aber Abwehr hervorruft.

Wir brauchen die Augen des Heiligen Geistes, der uns das Wesen der spirituellen Wege entdecken lässt. Dann werden uns die Wege immer tiefer in das Geheimnis Gottes und in das Geheimnis unseres Menschseins führen. Sie werden uns erahnen lassen, was es heißt, von Jesus Christus erlöst und befreit, geheilt und aufgerichtet zu werden.

Die Bibel

Der erste Weg der christlichen Überlieferung ist der Weg der Schriftlesung, der Lektüre biblischer Texte. Gott hat zu uns gesprochen. Wir haben sein Wort im Alten und im Neuen Testament. Es sind heilige Schriften, die heilsam sind für unser Leben.

Ich erlebe jedoch immer wieder Menschen, die Angst haben, die Bibel zu lesen. Sie stoßen in ihr ständig auf die Stellen, in denen von Hölle und Verdammung die Rede ist. Anstatt sich zu fragen, was diese Stellen wirklich bedeuten, sind sie so fixiert auf ihre Angst, dass sie meinen, sie würden auf jeden Fall verdammt. Andere lesen die Schrift mit einer Brille, durch die sie in jedem Wort einen Vorwurf an sich selbst sehen.

Wenn wir mit der falschen Brille die Bibel lesen, wird uns das Studium der Schrift nicht weiterhelfen auf unserem Weg. Im Gegenteil, wir werden die Bibel dazu missbrauchen, unsere unaufgearbeiteten Probleme in die Bibel hineinzuprojizieren. Wir werden dann ständig die Bibel zitieren. Aber wir werden damit nicht den Geist Jesu wiedergeben, sondern den eigenen Ungeist, den wir mit Bibelzitaten rechtfertigen.

Der heilige Augustinus hat uns mit diesen Worten schon vor über 1600 Jahren gezeigt, mit welcher Brille wir die Bibel lesen sollen. Wenn mich ein Wort der Bibel ärgert, dann zeigt das immer, dass ich hier eine falsche Sicht von mir und von Gott habe. Der Ärger ist aber auch eine Herausforderung, an meiner Sichtweise zu arbeiten und mir von der Bibel ein anderes Selbstverständnis schenken zu lassen.

»Das Wort Gottes ist der Gegner deines Willens, bis es der Urheber deines Heiles wird. Solange du dein eigener Feind bist, ist auch das Wort Gottes dein Feind. Sei dein eigener Freund, dann ist auch das Wort Gottes mit dir im Einklang.« (Augustinus)

Jesus provoziert uns gerade in vielen Gleichnissen immer wieder. Er provoziert uns, damit wir genauer hinschauen, worum es wirklich geht in unserem Leben, und ob unser Bild von Gott nicht zu eng gefasst ist. Wenn ich mich über Worte Jesu ärgere, kann ich mich fragen, welche Lebensmuster da in mir auftauchen oder an welche Kränkungen aus meiner Kindheit mich diese Worte erinnern oder welche dämonischen Gottesbilder in mir da berührt werden. Dann ist der Ärger ein Anlass, an meinem Selbstbild und Gottesbild zu arbeiten. *Das Wort Gottes zu verstehen heißt: sich selbst neu verstehen.* Und es heißt: sein eigener Freund werden. Wenn ich mit mir freundlich umgehe, dann ist auch das Wort Gottes mein Freund. Und umgekehrt: Das Wort Gottes will mich dazu einladen, gut mit mir umzugehen, mir selbst zum Freund zu werden. Dann komme ich in Einklang mit dem Wort Gottes, mit mir selbst und mit Gott.

Gegenüber »fundamentalistischen« Lesern, die die Bibel als Waffe benutzen, gibt es auch »liberale« Leser und Leserinnen, die die Stellen der Bibel, die ihnen nicht passen, am liebsten streichen möchten. Sie stellen sich letztlich über die Bibel. Und sie sind nicht bereit, sich selbst von der Bibel in Frage stellen zu lassen. Wenn mich ein Bibeltext verletzt oder ärgert, dann wäre es wichtig, bei mir selbst nachzuforschen, welche alten Verletzungen da in mir angesprochen werden. So könnte der Bibeltext mich einladen, meine früheren Kränkungen anzuschauen und sie zu bearbeiten, sodass sie heilen können. Wenn ich sie nicht in die heilende Liebe Gottes halte, werden sie mir den klaren Blick auf die Worte Gottes in der Bibel verstellen. Dann werde ich immer mehr Bibelstellen als nicht mehr zeitgemäß abtun. Doch das ist ein Irrweg und kein heilender und befreiender Weg, mit der Bibel umzugehen.

Wenn wir in der Bibel lesen, geht es nicht darum, genau zu erforschen, was die Autoren sich damals gedacht haben oder welche Theologie dahintersteckt. Papst Gregor der Große meint, in Gottes Wort sollten wir Gottes Herz entdecken. Es geht beim Bibellesen also immer darum, Gottes Herz und in Gott mir selbst auf neue Weise zu begegnen. Bibel lesen ist immer etwas Subjektives. Ich führe einen Dialog zwischen dem Wort, das ich lese, und meinem konkreten Leben. Mein Leben legt die Schrift aus, und die Schrift legt mein Leben aus. Wenn ich den Text verstehe, verstehe ich mich selbst besser. Wenn ich die Bibel lese, frage ich mich daher immer:

> Was will Gott mir jetzt in diesem Augenblick durch dieses Wort sagen?
> Welche Bilder steigen in mir hoch? Welche Assoziationen kommen mir?
> Was ist der Impuls heute für mich?

Oft ist es besser, gar nicht viel zu »denken«, sondern das Wort einfach ins Herz fallen zu lassen. Ich sage mir dann vor: »Dieses Wort beschreibt die eigentliche Wirklichkeit. Wenn dieses Wort stimmt, wie fühle ich mich dann, wie nehme ich die Welt und mich wahr?« Wenn ich das Wort Gottes in mein Herz fallen lasse, erzeugt es in mir Frieden und Freiheit, Weite und Liebe.

Es ist gut, *allein die Bibel zu lesen.* Am besten fangen Sie in den Evangelien an. Beginnen Sie mit dem Markusevangelium und lesen Sie es vom Anfang bis zum Ende durch. Versuchen Sie, sich Jesus vorzustellen, wie er mit den Pharisäern diskutiert, wie er mit Ihnen selbst diskutiert. Stellen Sie sich die Szenen der Heilungsgeschichten vor. Sie selbst sind der Aussätzige, der sich nicht ausstehen kann, der unfähig ist, sich selbst anzunehmen und sich daher von anderen abgelehnt fühlt. Sie selbst sind der Gelähmte: Angst lähmt, blockiert, hemmt Sie, aus sich herauszugehen. Sie sind der Blinde: Sie haben Ihre Augen vor sich selbst verschlossen. Und dann stellen Sie sich vor, was Jesus mit dem Kranken damals machte und was er Ihnen heute sagen und wie er Sie heute berühren möchte. Es geht immer um Gleichzeitigkeit, nie um das Bedenken eines längst vergangenen Textes. Heute soll an uns geschehen, was damals mit den Menschen geschehen ist. Lukas sagt das deutlich, wenn er sieben Mal vom »heute« spricht. Zachäus, dem Oberzöllner, der voller Minderwertigkeitskomplexe ist und daher andere klein machen und seinen Wert durch seinen Reichtum beweisen muss, sagt er: »Heute muss ich in deinem Haus bleiben« (Lukas 19,5). Heute will Jesus bei uns zu Gast sein. Wenn wir Jesus in unser Haus einlassen, dann werden wir jetzt die Zusage Jesu vernehmen: »Heute ist diesem Haus Heil widerfahren« (Lukas 19,9).

Das Ziel des Bibellesens ist, dass wir heil werden und ganz, dass unsere Wunden geheilt werden, dass wir uns aussöhnen können mit unserem Leben und unsere Augen öffnen für den Gott, den Jesus uns verkündet hat, ganz anders als die Schriftgelehrten. Dann lesen wir die Bibel richtig, wenn für uns die Bemerkung des Markus zutrifft: »Da staunten sie über seine Lehre, denn er lehrte sie wie einer, der (göttliche) Vollmacht hat, und nicht wie die Schriftgelehrten« (Markus 1,22). Sie können die Bibel nicht lesen, indem Sie sich ruhig zurücklehnen. Sie müssen sich auf sie einlassen, sich von ihr provozieren lassen. Dann werden Ihnen die Augen aufgehen und Sie werden sich selbst und Gott neu entdecken.

»Als er sich in einer der Städte aufhielt, war da ein Mann voller Aussatz. Als er Jesus sah, fiel er vor ihm auf das Angesicht nieder und bat ihn: Herr, wenn du willst, kannst du mich rein machen. Da streckte er seine Hand aus, berührte ihn und sagte: Ich will; sei rein! Und sofort wich der Aussatz von ihm.« (Lukas 5,12.13)

Es ist aber auch gut, *die Bibel in Gemeinschaft zu lesen*. Dabei geht es nicht darum, sein Bibelwissen auszubreiten. Vielmehr soll jeder sagen, was ihn berührt und anspricht und welche Assoziationen in ihm aufsteigen. Die vielen Augen werden den Bibeltext von verschiedenen Seiten aus betrachten und Neues ans Licht bringen. Die Sichtweisen der anderen regen mich an, selbst Neues im Text zu entdecken. Gemeinsam erzeugen wir dann eine Atmosphäre des Berührtwerdens. Auf einmal erschließt sich der Text. Und wir erfahren uns als von Gott Angesprochene und Aufgerichtete, als von Gott Geliebte und Geheilte.

Zum Weiterdenken

> *Was sind Ihre Lieblingsstellen in der Bibel? Wenn Sie diese Worte in sich einlassen, was bewirken sie?*

> *Welche Bibelstellen ärgern Sie? Warum steigt da Ärger hoch? Was möchten gerade diese ärgerlichen Stellen in Ihnen verändern? Wie sollten sich Ihr Gottesbild und Ihr Selbstbild wandeln, damit sie diesem Wort der Bibel entsprechen?*

Das Gebet

Der zweite Weg, auf dem wir zu einem reifen Glauben finden, ist *das Gebet*. Viele beklagen sich heute, dass sie nicht richtig beten können. Sie meinen, beten würde immer bedeuten, dass sie zu Gott sprechen. Und oft wissen sie nicht, was sie sagen sollen. Oder sie finden nicht die richtigen Worte für das so andere Gespräch mit Gott.

Gebet ist nicht immer Gespräch. In erster Linie ist Gebet Begegnung mit Gott. Ich begegne Gott mit meiner eigenen Wahrheit. Ich halte mich Gott hin. Dazu muss ich nicht unbedingt fromm sein. Ehrlichkeit ist vor allem gefragt. Ich setze mich vor Gott hin und lasse alles in mir aufsteigen, was hochkommen will. Ich grüble aber nicht über die vielen Gedanken nach. Ich halte die Gedanken und Gefühle, die Ahnungen und Befürchtungen, die Enttäuschungen und Kränkungen einfach Gott hin. Dieses Hinhalten kann mit Worten geschehen. Ich sage Gott, wie es mir geht, wie sehr mich dieser Mensch verletzt hat. Aber dann versuche ich auch, still zu werden und in die Stille hineinzuhorchen, was Gott dazu sagt. Oft werde ich da nichts hören. Aber allein die Tatsache, dass ich in die Stille hineinhorche, ändert meine Einstellung zu den Gedanken und Gefühlen. Ich lasse mich von Gott in Frage stellen. Das verwandelt mich.

Es genügt auch, wenn ich mir vorstelle, dass Gottes Licht und Liebe in meine Ängste, meine Wunden, meine Enttäuschungen und Zweifel hineinströmt. Dann fühle ich mich mit allem, was in mir ist, von Gott angenommen und geliebt. Das hilft mir, mit allen inneren Turbulenzen zur Ruhe zu kommen. Ich bin mit allem vor Gott und in Gottes Liebe. Ich höre auf, mir selbst Vorwürfe zu machen, nachzugrübeln, was ich alles besser machen müsste. Ich sitze vor Gott und fühle einen tiefen inneren Frieden. Ich fühle mich von Gott angenommen. So kann ich mich selbst besser annehmen, wie ich bin.

Das *Ziel des Gebetes* ist, dass ich nach allem, was ich Gott gesagt oder hingehalten habe, in die Stille komme. Es kann die Stille vor Gott sein, eine sehr persönliche Stille, in der ich mich von Gott angeschaut und geliebt weiß. Es gibt aber noch eine andere Stille, die Stille als Raum des Schweigens, der in mir ist. In mir ist ein Raum, in dem es ganz still ist. Zu diesem Raum haben die Menschen mit ihren Erwartungen und Ansprüchen, mit ihren Urteilen und Verurteilungen, mit ihren aggressiven und kränkenden Worten keinen Zutritt. Zu diesem inneren Ort

»Herr Jesus Christus, erbarme dich meiner.« (Herzensgebet)

können auch meine eigenen Selbstvorwürfe, meine Sorgen und Ängste und meine Schuldgefühle nicht vordringen. Es ist der *Raum des Schweigens, in dem Gott selbst in mir wohnt.* Und dort, wo Gott in mir wohnt, bin ich frei von der Macht der Menschen und von der Macht der Selbstentwertung. Die Mönche sprechen vom heiligen Raum in mir. Das Heilige ist das, was der Welt entzogen ist, worüber die Welt keine Macht hat. Dort in dem heiligen Raum in mir bin ich heil und ganz.

Das griechische Wort für heilig ist *hagios.* Davon kommt unser deutsches Wort »behaglich«. Im heiligen Raum fühle ich mich behaglich. Da bin ich in einem geschützten Gehege, in das keine »feindlichen Geschosse« eindringen können. Und es ist der Raum, in dem Gott, das Geheimnis, wohnt. Dort, wo das Geheimnis in mir wohnt, kann ich daheim sein. Das Wort »Heim« kommt von »liegen« und »Lager«. Daheim bin ich dort, wo ich liege, wo ich mich ausruhen, wo ich mich fallen lassen kann, weil ich geschützt und geborgen bin. In dem inneren Raum des Schweigens kann ich daheim sein, weil Gott in mir wohnt und weil ich mich in Gottes liebende Hände fallen lassen kann.

Auch in diesem inneren Raum des Schweigens geht es letztlich um Begegnung. Ich begegne dort Gott, dem unaussprechlichen Geheimnis. Für mich ist die Begegnung das Entscheidende am christlichen Gebet. Nicht umsonst hat ein jüdischer Theologe und Philosoph, *Martin Buber*, eine Philosophie der Begegnung entfaltet, nicht ein buddhistischer oder hinduistischer Autor. In der Zen-Meditation geht es nicht um Begegnung, sondern um Einswerden und Leerwerden. Das ist sicher ein wichtiger Weg. Aber mir fehlt daran der Schatz der Begegnung.

Der jüdische Religionsphilosoph **Martin Buber** *(1878–1965) kon-*
zentrierte die biblisch-jüdische Erfahrung im Ereignis der dialogi-
schen Begegnung: »Das Ich wird am Du.«

Das Wesentliche geschieht in der Begegnung. Da begegne ich
mir selbst und dem Geheimnis meines Menschseins und ich
begegne Gott, dem unauslotbaren Geheimnis. In dieser Begegnung entsteht eine kostbare Stille, über die man nicht mehr
sprechen kann. Dort geschieht immer wieder Einswerden und
Einssein. Aber dieses Einssein ist nie ein Besitz, sondern immer
Geschenk einer Begegnung, in der ich mich öffne und Gott in
mich eintreten lasse.

Zum Weiterdenken

Sie können diesen inneren Raum des Schweigens wahrnehmen,
indem Sie die Hände über der Brust kreuzen. Sie schließen gleich-
sam die Tür zu und lassen nun niemanden und keine Gedanken
mehr in diesen Raum. Stellen Sie sich vor, dass in Ihnen der hei-
lige Raum ist, in dem Sie heil sind und ganz. Und stellen Sie sich
vor, dass es da tief in Ihnen ganz still ist. Es ist der Raum, in dem
Gott selbst in Ihnen wohnt. Vielleicht erahnen Sie dann, dass Sie
dort, wo Gott in Ihnen wohnt, ganz Sie selbst sind, frei, heil und
ganz.

Die Sakramente

Ein Ort, an dem wir Christus, dem Heiland, dem Heiligen und
Heilenden, begegnen, sind *die Sakramente.* Die Sakramente
wollen die wichtigsten Phasen und Übergänge unseres Lebens
begleiten. Man spricht heute von *rites de passage,* von »Über-
gangsritualen«. Viele Menschen haben Angst, über die Schwel-
len zu treten, die uns das Leben bereithält: die Schwelle der

Geburt, des Erwachsenwerdens, der Heirat, des Schuldigwerdens, des Krankwerdens und des Sterbens. Die Sakramente helfen uns, damit der Übergang in eine neue Phase unseres Lebens gelingt.

Als Übergangsrituale haben die Sakramente mit unserer Reifung zu tun. Es gibt keine glatte Reifung. Auch in der Pflanze gibt es Krisen und Übergänge, erst recht beim Menschen. Und diese Übergänge wollen begleitet werden, damit sie gelingen. Viele tun sich heute schwer mit den Sakramenten. Sie meinen, sie würden mit ihrem Leben darin nicht vorkommen. Doch wenn wir die Sakramente genauer anschauen, sind sie wunderbare Rituale, die uns helfen, bewusster zu leben und durch die Klippen unseres Lebens besser hindurchzukommen.

Taufe und Firmung

Das Sakrament der Taufe und der Firmung haben wir nur einmal erhalten. Die Taufe haben wir gar nicht mitbekommen, da wir noch ein Kind waren. Aber wir können uns an die Taufe und Firmung immer wieder erinnern. Sie zeigen uns wesentliche Aspekte eines reifen Glaubens. In der Taufe wurden wir mit Wasser übergossen. In einer katholischen Kirche können wir am Eingang Weihwasser nehmen und uns dabei an die Taufe erinnern. Wir machen uns bewusst, dass in uns eine Quelle strömt, die nicht versiegt. Gerade wenn wir erschöpft sind, können wir uns daran erinnern, dass die Quelle des Heiligen Geistes in uns ist, damit wir nie vertrocknen und uns nie verausgaben. Wasser reinigt. In der Taufe wurden all die Trübungen abgewaschen, die unser ursprüngliches und unverfälschtes Bild verdunkeln. Im Weihwasser waschen wir die Trübungen ab, die sich heute wieder bei uns eingeschlichen haben, Trübungen, die wir uns selbst zugefügt haben durch Selbstvorwürfe und Selbstentwertung. Aber wir wischen auch die Trübungen durch die Bilder ab, die andere uns übergestülpt haben, die Erwartungen der Eltern, des Arbeitgebers, der Kollegen, der Freunde. In der Erinnerung an die Taufe werden wir frei von allem, was unser Wesen verstellt. Wir kommen in Berührung mit dem ursprünglichen Glanz unserer Seele.

In der Taufe wurden wir zu Königen und Königinnen, zu Priestern und Priesterinnen, zu Propheten und Prophetinnen gesalbt. Es ist gut, sich daran zu erinnern, dass wir königliche Menschen sind, dass wir selbst leben, anstatt gelebt zu werden, über uns herrschen und nicht beherrscht werden. Wir sind als Priester und Priesterinnen Hüter des Heiligen in uns und in den Menschen. Als Hüterinnen des Heiligen wirken wir heilend auf die Menschen. Wir befreien sie von dem Terror der Welt, dem sie oft ausgesetzt sind, und erinnern sie an das Heilige in ihnen, in dem sie heil sind und ganz. Und als Propheten und Prophetinnen vertrauen wir darauf, dass wir etwas von Gott in dieser Welt ausdrücken dürfen, was nur durch uns ausgedrückt werden kann. Unser Leben ist einmalig. Durch uns erklingt etwas von Gott in dieser Welt, das nur durch uns hindurch tönen kann.

Die *Firmung* ist das Sakrament des Erwachsenwerdens. Es entspricht den Initiationsriten in vielen Völkern. In Afrika werden die Jungen und Mädchen mit zwölf Jahren getrennt in den Busch geführt und müssen harte Rituale über sich ergehen

»Als der Pfingsttag angebrochen war, befanden sich alle am gleichen Ort. Da entstand plötzlich vom Himmel her ein Brausen, wie von einem daherfahrenden gewaltigen Sturm, und erfüllte das ganze Haus, in dem sie saßen. Und es erschienen ihnen Zungen wie von Feuer, die sich zerteilten, und ließen sich auf jeden von ihnen nieder. Alle wurden mit Heiligem Geist erfüllt und begannen in fremden Sprachen zu reden, wie der Geist ihnen zu sprechen verlieh.«
(Apostelgeschichte 2, 1–4)

lassen, die sie in das Erwachsenwerden einführen. Das Wort »Firmung« (ebenso wie »Konfirmation«) kommt vom lateinischen *confirmare*, das »stärken« bedeutet. Wir wurden in der Firmung mit Heiligem Geist gesalbt, damit wir in der Kraft des Heiligen Geistes Verantwortung für unser Leben übernehmen und wie die Jünger Zeugen Jesu Christi in dieser Welt werden. Sie hatten Mut, das zu sagen, was sie im Herzen spürten. Und ihre Worte waren inspiriert von den Zungen, die wie Feuerflammen über ihnen schwebten. Lukas schildert uns Pfingsten als Sprachereignis.

Unsere Sprache ist oft kalt. Henri Nouwen meint, viele Seelsorger würden sprechen, als kämen ihre Worte aus einem leeren Kanister. Manchmal ist unser Reden über den Glauben genauso leer und kalt. Dann nützen alle richtigen Glaubenssätze nichts; es fehlt das Feuer. Ohne die Wärme des Heiligen Geistes wird unsere Sprache oft menschenverachtend und spaltend. Menschen beginnen bei unseren Worten zu frieren. Firmung ist die Erinnerung, dass in uns eine Glut glüht, die uns davor bewahrt, ausgebrannt zu werden. Und die Firmung lädt uns dazu ein, das Feuer in unsere Worte zu lassen, sodass unsere Worte wärmen, aufrichten und Funken davon ausgehen, die andere anstecken.

Der katholische Priester und Theologe **Henri Nouwen** *(1932– 1996) gab eine Karriere als Hochschulprofessor an der amerikanischen Elite-Universität Yale auf und schloss sich der von Jean Vanier gegründeten »Arche«-Bewegung eines gemeinsamen Lebens mit behinderten Menschen an. In seinen spirituellen Schriften spiegeln sich die Fragen und Ängste des modernen Menschen ebenso wider wie sein persönliches Ringen um Antworten aus dem christlichen Glauben. Weltweit berühmt ist sein Tagebuch eines sechsmonatigen Klosteraufenthaltes »Ich hörte auf die Stille« (Freiburg im Breisgau, etliche Auflagen).*

Die Eucharistie ist das Sakrament, das katholische Christen jeden Sonntag, ja täglich feiern. Für viele hat es sich abgenutzt, und es sagt ihnen nicht viel. Auch da ist wichtig, dass wir uns immer wieder bewusst machen, was wir damit feiern. Es ist die Feier der Verwandlung. Wir halten in der Eucharistie in Brot und Wein unser Leben hin mit allem, was uns reibt und aufreibt, mit unserer Zerrissenheit und mit unserer Liebe, die oft genug vermischt ist mit Besitzansprüchen und aggressiven Gefühlen. Wir halten unseren Alltag hin, damit er verwandelt werde vom Geist Gottes. Eucharistie ist daher Einübung in den Alltag. In unserem Alltag soll sichtbar werden, dass wir für andere Brot und Wein werden und dass in allem, was wir tun, der Geist Jesu Christi durchscheint. Es ist gut, täglich alles Gott hinzuhalten, was wir heute in die Hand nehmen, damit es vom Geist Gottes verwandelt wird und Jesus sichtbar wird in allem, was wir reden und tun.

Eucharistie ist die Feier von Tod und Auferstehung Jesu. Tod und Auferstehung sind Zeichen dafür, dass es nichts in unserem Leben gibt, das nicht verwandelt werden kann. Es gibt keine Dunkelheit, die nicht vom Licht durchdrungen wird, kein Grab, aus dem nicht Leben aufsteht, keine Erstarrung, die nicht aufgebrochen werden kann, kein Scheitern, das nicht zum Neuanfang zu werden vermag. Wir feiern in jeder Eucharistie die Hoffnung, dass unser Leben durch alle Brüche, durch alles Scheitern, durch alle Dunkelheiten und alle Tode hindurch gelingt, dass wir immer wieder mit Christus aufstehen aus dem Grab unserer Angst und Resignation, unserer Verlassenheit und Depression, hinein in die Weite und Freiheit des göttlichen Lebens.

Wir feiern in der Eucharistie die Hingabe Jesu. Jesus bezeichnet sich selbst als den guten Hirten, der sein Leben für seine Schafe hingibt. Wir sehnen uns alle danach, dass sich

*»Während des Mahls nahm Jesus Brot, sprach das Segensgebet, brach
es und gab es den Jüngern mit den Worten: Nehmt, esst, das ist mein
Leib. Dann nahm er einen Becher, sprach das Dankgebet und gab ihn
ihnen mit den Worten: Trinkt alle daraus. Denn das ist mein Blut
des Bundes, das für viele vergossen wird zur Vergebung der Sünden.«
(Matthäus 26,26–28)*

jemand für uns hingibt, dass jemand sein Leben für uns ein-
setzt, dass wir für jemanden so wichtig sind, dass er für uns
stirbt. Auf diese Hingabe können wir unser Leben bauen. Das
ist ein tragfähiger Grund für unser Leben. Wir feiern die Liebe
Jesu, mit der er sich für uns im Tod hingegeben hat, um uns
selbst einzuüben in die Hingabe. Denn unser Leben wird nur
Frucht bringen, wenn wir uns hingeben, wenn wir uns einlassen auf das Leben, auf die Menschen, auf die Arbeit. Ohne Hingabe erstarren wir. Nur wenn das Leben fließt, wird es Frucht
bringen und uns selbst beglücken.

Die Beichte

Die Beichte ist ein gutes Angebot auf dem geistlichen Weg,
denn immer wieder geraten wir auch in Schuld. Wir leben an
uns vorbei. Es tut der menschlichen Seele gut, wenn sie sich
bewusst auch ihren Schattenseiten stellt und auch vor einem
Vertreter der Kirche nicht über die eigene Erfolgsgeschichte,
sondern eher über die Misserfolge und über Fehler und Ver-
sagen spricht. C. G. Jung meint, das entspreche dem Mensch-
heitsgewissen. Wir können nicht nur über unsere Stärken
sprechen. Es braucht auch einen Ort, an dem wir das weniger
Erbauliche in uns zur Sprache bringen und dennoch bedin-
gungslose Annahme erfahren.

Aber viele haben die Beichte eher zu einem Instrument
der Infantilität gemacht. Sie haben aus Angst gebeichtet, sie

könnten wegen ihrer Fehler nicht würdig sein, zur Kommunion zu gehen. Doch das widerspricht der eigentlichen Intention der Beichte.

Auf reife Weise mit der Beichte umzugehen heißt, dass ich von Zeit zu Zeit bewusst darüber spreche, wo ich an mir selbst vorbeilebe, wo ich Leben verweigere. Im Beichtgespräch und in der Erfahrung der Lossprechung kann ich meinem Leben eine neue Wendung geben, da kann ich Umkehr und Buße vollziehen. Umkehr heißt vor allem, mein Denken wandeln. Und Buße bedeutet: es besser machen als bisher. In der Lossprechung erfahre ich, dass ich bedingungslos angenommen bin, dass all das Unannehmbare in mir angenommen ist. Das befreit mich von Selbstvorwürfen und ermöglicht es mir, mir selbst zu vergeben und frei zu werden von dem Ballast der Vergangenheit, den ich mit mir herumschleppe.

Manche beichten zwar, aber sie sind unfähig, sich selbst zu vergeben. Sie hängen so sehr an ihrem Idealbild, dass sie es sich nicht verzeihen können, diesem widersprochen zu haben. Ich beichte dann richtig, wenn ich bereit bin, alle Selbstzerfleischung durch Schuldgefühle loszulassen und mir selbst zu vergeben, mich mit all meiner Schuld dennoch von Gott geliebt zu wissen und mich als diesen durchschnittlichen Menschen, der immer wieder Fehler macht, zu lieben.

Die Ehe

Die Ehe als Weg eines reifen Glaubens zu leben heißt nicht nur, die Feier der Hochzeit bewusst zu gestalten und zu vollziehen. Denn das geschieht in der Regel nur ein einziges Mal im Leben. Vielmehr bedeutet es, aus dem Sakrament der Ehe heraus zu leben. Das Wesen des Sakramentes ist, dass etwas Sichtbares auf das unsichtbare Geheimnis Gottes hinweist. Das kann für das Leben in der Ehe eine Entlastung sein.

»Jetzt bleiben Glaube, Hoffnung, Liebe, diese drei; doch am größten unter ihnen ist die Liebe.« (1. Korinther 13)

Die Liebe, die ich von meinem Partner erfahre, ist Hinweis auf die unsichtbare Liebe Gottes, die mich immer umgibt. Häufig gehen Ehen zugrunde, weil wir vom Partner zu viel erwarten. Wir erwarten von ihm absolute Liebe und absolute Geborgenheit. Doch etwas Absolutes kann uns kein Mensch schenken. Wenn ich aber weiß, dass die Liebe, die ich vom Partner erfahre, mich auf Gottes unendliche Liebe verweist, dann kann ich die begrenzte Liebe meines Partners genießen. Ich überfordere ihn nicht mit meinen Übererwartungen, sondern kann dankbar annehmen, was er mir zu schenken vermag. Ich bin frei von dem Druck, immer Liebe spüren zu müssen.

Das Sakrament verweist mich auf eine Liebe, die tiefer ist als das Gefühl, auf eine Liebe, die den anderen bedingungslos annimmt und treu zu ihm steht, und auf die Quelle der göttlichen Liebe, die in mir strömt und nie versiegt, gerade weil sie göttlich ist.

Die Krankensalbung

Die Krankensalbung will mich dazu befähigen, mich mit meiner Krankheit auszusöhnen und in ihr einen Weg zu Gott zu sehen. Auf dem Weg der Menschwerdung werde ich immer wieder auch Krankheit erfahren. Ich kann sie nicht beachten oder versuchen, sie zu unterdrücken. Doch dann lehrt sie mich nichts. Die Krankheit im Lichte Gottes anzuschauen bedeutet, dass ich mich verabschiede von den Illusionen, die ich mir vom Leben gemacht habe. Eine Illusion besteht darin, dass ich mich nur gesund zu ernähren, gesund zu leben und genügend zu beten bräuchte, dann könnte mir nichts passieren, dann würde ich nicht krank werden. Doch ich kann nicht für meine Gesundheit garantieren.

Das Sakrament der Krankensalbung lädt mich ein, die Krankheit als geistliche Herausforderung zu verstehen. Die Krankheit fordert mich heraus, mir über den Sinn meines Lebens Gedanken zu machen. Der Sinn besteht nicht darin, möglichst alt zu werden, sondern immer klarer und eindeutiger meine ganz persönliche Lebensspur in diese Welt einzugraben.

Die Krankheit kann zu einem Ort der Gotteserfahrung werden. Ich werde frei von meinen Illusionen vom Leben und ergebe mich in den unbegreiflichen Gott hinein. So kann ich Gott auf neue Weise erfahren, nicht mehr den Gott, über den ich verfügen kann, sondern den ganz anderen Gott, der auch in meiner Krankheit bei mir und in mir ist. Wenn ich die Krankheit auf diese Weise annehme, dann wird sie mich auf neue Weise durchlässig machen für Christus. Und sie wird zum Segen für andere. Ich werde an der Krankheit nicht zerbrechen, sondern daran reifen.

Zum Weiterdenken

> *Was sind Ihre Erfahrungen mit den Sakramenten? Welche Sakramente haben Ihr Leben geprägt? Mit welchen Sakramenten tun Sie sich schwer?*

> *Stellen Sie sich vor, dass Sie Christus selbst in jedem Sakrament berührt, um Ihre Wunden zu heilen, um Sie an der Hand zu nehmen, um Ihnen den Rücken zu stärken, um Ihnen zu vermitteln, dass Sie bedingungslos angenommen sind. Vielleicht ahnen Sie dann, dass jedes Sakrament ein Schritt zu einem vollen Menschsein ist, dass Sie mit jedem Sakrament eine Schwelle übertreten, die Sie in einen neuen Raum Ihrer Persönlichkeit und in neue Räume der Gotteserfahrung hinein führt.*

Das Kirchenjahr möchte uns immer mehr einführen in das Geheimnis der Menschwerdung. Für C. G. Jung ist das Kirchenjahr ein therapeutisches System. An den verschiedenen Festen werden Aspekte unserer Seele zum Ausdruck gebracht. Das bringt uns in Berührung mit dem Reichtum unserer Seele. Und es hält alle Seiten unserer Seele in das Licht der Erlösung durch Jesus Christus. An den Festen spielen wir uns immer mehr hinein in das Geheimnis unserer Erlösung und Heilung. Wenn wir uns auf diese Weise einlassen auf die Feste des Kirchenjahres, werden wir jedes Jahr aufs Neue mit allen Facetten unseres Menschseins konfrontiert. Und wir erfahren jedes Jahr ein wenig mehr Heilung.

Der Evangelist Lukas versteht das Kirchenjahr so, dass das Jahr des Heiles, das Jesus damals gelebt und in dem er die Menschen geheilt und aufgerichtet hat, sich immer mehr in unsere Lebensgeschichte und in die Geschichte dieser Welt eingräbt und so unsere Geschichte mehr und mehr verwandelt.

Ich möchte im Folgenden nur einige Aspekte des reifen Umgangs mit dem Kirchenjahr aufzeigen.

Advent und Weihnachten: Die Gottesgeburt

Der Advent ist die Zeit der Sehnsucht. In der Stille vor Weihnachten sollen wir mit unserer Sehnsucht in Berührung kommen. Diese Sehnsucht wird geweckt durch die Texte der Liturgie, aber auch durch die Symbole der Adventszeit wie Adventskranz und Kerzenschein.

Heute leiden viele Menschen an Süchten, nicht nur an den stofflichen Süchten wie Alkohol- oder Drogensucht, sondern an den vielen Süchten wie Arbeitssucht, Spielsucht oder Beziehungssucht. Die Adventszeit möchte unsere Süchte wieder

»Und wäre Christus tausendmal in Bethlehem geboren und nicht in dir, so wärest du in Ewigkeit verloren!« (Angelus Silesius)

in Sehnsucht verwandeln. Die eigentliche Heilung der Sucht geschieht nicht durch Disziplin allein, sondern indem wir wieder mit der Sehnsucht in Berührung kommen, die wir durch unsere Sucht unterdrücken wollten.

Weihnachten ist das Fest des neuen Anfangs. Wir sind nicht festgelegt durch die Vergangenheit. Wenn Gott in uns geboren wird, dann ist ein neuer Anfang für uns möglich. Und Weihnachten ist das Fest, an dem wir mit dem inneren Raum der Stille in uns in Berührung kommen. In diesem Raum des Schweigens will Gott geboren werden und uns in Berührung bringen mit unserem wahren Selbst, mit dem ursprünglichen und unverfälschten Bild Gottes von uns.

Der Osterfestkreis: Neues Leben

Die Fastenzeit ist eine Zeit des Trainings in die innere Freiheit. Es tut uns gut, wenn wir uns jedes Jahr sieben Wochen in die innere Freiheit einüben. Wir erfahren, dass wir uns immer wieder abhängig machen, nicht nur von Alkohol, sondern auch von Kaffee, von gutem Essen, von irgendwelchen Gewohnheiten. Da tut es gut, diese Gewohnheiten zu durchbrechen und bewusst einmal anders zu leben als sonst. Das gibt uns das Gefühl, dass wir noch selbst leben und nicht von unseren Bedürfnissen gelebt werden. Die Fastenzeit ist ein Test auf unsere innere Freiheit und zugleich eine Trainingszeit, wieder bewusst und frei unser Leben zu gestalten.

An Ostern feiern wir dann das Fest des neuen Lebens, der Auferstehung aus dem Grab unserer Angst und Traurigkeit, aus dem Grab unseres Selbstmitleids und unsere Dunkelheit. An Ostern singen und tanzen wir die innere Freiheit aus. Wir vertrauen darauf, dass es nichts Erstarrtes in uns gibt, das nicht zu neuem Leben aufgebrochen werden kann, dass es keine Dunkelheit gibt, in die das Licht nicht vordringt, kein Scheitern, das nicht zu neuen Möglichkeiten führt.

Fünfzig Tage lang gehen wir in der Osterzeit den Auferstehungsweg, damit die Auferstehung sich immer mehr in unser Leben einprägt. Die Texte der Osterzeit und die österlichen Lieder und Feiern wollen uns den Weg in immer größere Lebendigkeit und Freiheit, in immer tiefere Liebe und Freude hinein weisen.

An Pfingsten will die Fülle des Lebens dann in uns aufblühen. Fünfzig ist die Zahl der Vollendung. Da rundet sich in uns alles ab, was kantig und sperrig war. Fünfzig ist auch die Zahl der Freiheit. Die Juden ließen die Sklaven frei. Pfingsten ist die Verheißung, dass wir durch den Geist Gottes wahrhaft frei geworden sind, dass es keine Sklaven mehr in uns gibt, die wir knechten müssten, dass vielmehr alles in uns in Freiheit sich der Fülle Gottes öffnet.

So ist das ganze Kirchenjahr eine Einladung, sich der eigenen Wirklichkeit zu stellen, der Wirklichkeit des Lebens und Sterbens, der Wirklichkeit unserer Süchte und Abhängigkeiten, unserer Ängste und Traurigkeiten. Wenn wir das Kirchenjahr so feiern, dann ist es ein Weg in immer größere Freiheit und Reife hinein. Alles, was in unserer Seele angelegt ist, wird angesprochen und dargestellt. Es wird mit dem Weg Jesu konfrontiert und dadurch verwandelt.

Viele haben heute das Gespür für das Geheimnis der Feste verloren. Sie sehen nur noch die äußere Pflicht, in die Kirche zu gehen. Es braucht auch eine innere Vorbereitung, damit die Feste für uns zu einer Quelle der Erneuerung werden. Das ist ihr ursprünglicher Sinn: dass in das Verstaubte unseres Lebens die Frische des Ursprungs kommt. Das Heil, das die Menschen vor zweitausend Jahren durch Jesus erfahren haben, soll in den Festen für uns erfahrbar werden. Auf diese Weise wird unser Leben jedes Jahr ein Stück weit heiler und freier. Und wir wachsen immer mehr hinein in die einmalige Gestalt, die Gott uns eingeprägt hat.

Zum Weiterdenken

> *Welche Feste des Kirchenjahres sind Ihre Lieblingsfeste? Welche Zeiten im Kirchenjahr erleben Sie intensiv?*

> *Ein Fest feiert man nur, wenn man davon leben kann. Wie weit können Sie von der Adventszeit, von Weihnachten, von Ostern, von Pfingsten leben? Welche Seiten Ihrer Seele werden an diesen Festen angesprochen?*

> *Und was möchten die Feste in Ihnen bewirken, welche Wunden möchten sie heilen und welche verborgenen Seiten erhellen und beleben?*

Die eigene Spiritualität finden

Joan Chittister: Das Leben beginnt in dir. Weisheits-
geschichten aus der Wüste, Verlag Herder, Freiburg im
Breisgau 2011

Jeff Golliher: Im richtigen Leben. Die eigene Spiritualität
finden, Verlag Herder, Freiburg im Breisgau 2010

Anselm Grün: Das große Buch der Lebenskunst, Verlag
Herder, Freiburg im Breisgau 2010

Anselm Grün/Maria-M. Robben: Finde deine Lebensspur.
Die Wunden der Kindheit heilen – spirituelle Impulse, Verlag
Herder, Freiburg im Breisgau, 9. Auflage 2010

Lorenz Marti: Wie schnürt ein Mystiker seine Schuhe? Die
großen Fragen und der tägliche Kleinkram, Verlag Herder,
Freiburg im Breisgau, 5. Auflage 2010

Richard Rohr: Hoffnung und Achtsamkeit. Der spirituelle
Weg für das 21. Jahrhundert, Verlag Herder, Freiburg im
Breisgau 2010

Die Bibel

Communauté de Taizé: Meine Hoffnung und meine Freude.
Bibeleinführungen, Verlag Herder, Freiburg im Breisgau 2010

Anselm Grün: Die Bibel verstehen. Hinführung zum Buch
der Bücher, Verlag Herder, Freiburg im Breisgau 2011

Richard Rohr: Ins Herz geschrieben. Die Weisheit der Bibel als spiritueller Weg, Verlag Herder, Freiburg im Breisgau, 3. Auflage 2010

Reihe »Bibel leben«, herausgegeben von Andrea Schwarz:

Franz-Josef Bode: Heute erfüllt sich das Wort. Die Botschaft des Lukasevangeliums, Freiburg im Breisgau, 2. Aufl. 2007

Hubertus Brantzen: Wer bin ich für euch? Die Botschaft von Jesus nach dem Markusevangelium, Freiburg im Breisgau 2006

Paul Deselaers, Dorothea Sattler: Es wurde Licht. Die Botschaft der biblischen Schöpfungstexte, Freiburg im Breisgau 2005

Paul Deselaers, Dorothea Sattler: Gottes Wege gehen. Die Botschaft von Abraham und Sarah, Freiburg im Breisgau 2007

Anselm Grün: Die Freude wird vollkommen sein. Die Botschaft des Paulus an die Christen in Philippi, Freiburg im Breisgau 2005

Albin Krämer: Frei sollt ihr sein! Die Botschaft des Buches Exodus, Freiburg im Breisgau 2006

Anton Rozetter: Ich will das Morgenrot wecken. Die Botschaft der Psalmen, Freiburg im Breisgau 2008

Bernardin Schellenberger: Ich bin es, der mit dir redet. Die Botschaft des Johannesevangeliums, Freiburg im Breisgau 2008

Andrea Schwarz: Propheten sind wir alle. Die Botschaft des Buches Jona, Freiburg im Breisgau 2006

Thomas Söding: Kommt zu mir! Die Botschaft des Matthäus-
evangeliums, Freiburg im Breisgau 2009

Gebet

Papst Benedikt XVI: Führe uns auf unserem Weg. Gebete,
Verlag Herder, Freiburg im Breisgau 2009

Communauté de Taizé: Höre die Stimme meines Herzens.
Gebete aus Taizé, Verlag Herder, Freiburg im Breisgau 2010

Anselm Grün: Heilsame Worte. Gebete für ein ganzes Leben,
Verlag Herder, Freiburg im Breisgau 2010

Gundula Kühneweg (Hg.): Herders großes Buch der Gebete,
Verlag Herder, Freiburg im Breisgau 2009

Antje Sabine Naegeli: Umarme mich, damit ich weitergehen
kann. Gebete des Vertrauens, Verlag Herder, Freiburg im
Breisgau 2010

Andrea Schwarz: Du Gott des Weges segne uns. Gebete und
Meditationen, Verlag Herder, Freiburg im Breisgau 2008

Georg Schwikart: Ein Gebet für jeden Tag, Verlag Herder,
Freiburg im Breisgau 2010

David Steindl-Rast: Credo. Ein Glaube, der alle verbindet,
Verlag Herder, Freiburg im Breisgau 2010

Sakramente

Klaus Peter Dannecker/Alexander Saberschinsky: Neues
Leben aus Wasser und Geist. Zur Vorbereitung der Kinder-
taufe, Verlag Herder, Freiburg im Breisgau 2008

Anselm Grün: Eucharistie und Selbstwerdung, Vier-Türme-Verlag, Münsterschwarzach, 7. Aufl. 2008

Anselm Grün: Die Eucharistiefeier, Verwandlung und Einswerden, Vier-Türme-Verlag, Münsterschwarzach, 3. Aufl. 2007

Anselm Grün: Die Beichte: Feier der Versöhnung, Vier-Türme-Verlag, Münsterschwarzach 2001

Anselm Grün: Sich ändern lernen. Versöhnung leben und feiern, Echter Verlag, Würzburg 1992

Anselm Grün/Wunibald Müller: Was ist die Seele? Mein Geheimnis, meine Stärke, Kösel Verlag, München 2008

Walter Kardinal Kasper: Sakrament der Einheit. Eucharistie und Kirche, Verlag Herder, Freiburg im Breisgau 2004

Kirchenjahr

Frère Alois, Taizé: Glauben wagen. Die christlichen Feste im Jahr, Verlag Herder, Freiburg im Breisgau 2010

Anselm Grün: Heilendes Kirchenjahr: Das Kirchenjahr als Psychodrama, Münsterschwarzach 2001

Marcus C. Leitschuh/Bruder Paulus Terwitte: Trau dich, Weihnachten neu zu entdecken, Verlag Herder, Freiburg im Breisgau 2008

Andrea Schwarz: Eigentlich ist Weihnachten ganz anders. Hoffnungstexte, Verlag Herder, Freiburg im Breisgau, 3. Aufl. 2010

Andrea Schwarz: Eigentlich ist Ostern ganz anders. Hoffnungstexte, Verlag Herder, Freiburg im Breisgau, 2. Aufl. 2011

Andrea Schwarz: Und jeden Tag mehr Leben, Jahreslesebuch, Verlag Herder, Freiburg im Breisgau, Neuausgabe 2. Auflage 2010

Rudolf Walter (Hg): Thema Kirchenjahr. Das Themenheft von »Einfach leben«, Verlag Herder, Freiburg im Breisgau 2009

Spirituelle Impulse des Christentums

Gerlinde Baumann: Ewiges Leben. Hoffnung über den Tod hinaus, Verlag Herder, Freiburg im Breisgau 2010

Johannes B. Brantschen: Warum gibt es Leid? Die große Frage an Gott, Verlag Herder, Freiburg im Breisgau 2009

Roland Breitenbach: Pilgern. Den eigenen Weg finden, Verlag Herder, Freiburg im Breisgau 2009

Heinrich Dickerhoff: Beten. Das Leben zur Sprache bringen, Verlag Herder, Freiburg im Breisgau 2011

Anselm Grün: Mystik. Den inneren Raum entdecken, Verlag Herder, Freiburg im Breisgau 2009

Medard Kehl: Schöpfung. Warum es uns gibt, Verlag Herder, Freiburg im Breisgau 2010

Wunibald Müller: Schuld und Vergebung. Befreit leben, Verlag Herder, Freiburg im Breisgau 2010

Uta Pohl-Patalong: Bibel lesen. Die Kraft der heiligen Texte, Verlag Herder, Freiburg im Breisgau 2010

Katharina Schridde: Alltag und Fest. Von den Gezeiten des Lebens, Verlag Herder, Freiburg im Breisgau 2010

Marjorie Thompson: Achtsamkeit. Vom Umgang mit der
eigenen Seele, Verlag Herder, Freiburg im Breisgau 2009

www.christ-konkret.de
Unter dieser Adresse finden Sie ein Portal, das Informationen über christliche Veranstaltungen aller Art in Deutschland,
Österreich und der Schweiz bietet. Neben Medienempfehlungen und der Möglichkeit, Gesuche oder Angebote abzugeben, finden Sie hier eine Übersicht über Veranstaltungsorte und Veranstalter, Angebote für spezielle Zielgruppen und
vor allem jede einzelne Veranstaltung mit allen notwendigen
Angaben zum Thema Seminare, Exerzitien, Events, Tagungen
und Reisen.

»Haus der Stille«
In ganz Deutschland gibt es die sogenannten »Häuser der
Stille«, die von verschiedenen Verbänden und Organisationen getragen werden. Hier finden Sie Angebote, die gerade
für das Thema dieses Buches, »Spiritualität – Ein ganzer
Mensch werden« von großer Bedeutung sind. Sie reichen von
einfachen Meditationskursen, Schweigewochen und Gebetszeiten bis hin zu Seminaren zum Thema »Wer bin ich?«, bei
dem neben christlicher Spiritualität auch die Psychologie
und verschiedene Heilmethoden oder Bewusstseinserfahrungen zur Sprache kommen. Um eines dieser Häuser in Ihrer
Nähe zu finden, geben Sie am besten in eine Internet-Suchmaschine den Begriff »Haus der Stille« oder »Häuser der
Stille« ein.

www.daskirchenjahr.de
Hier finden Sie Informationen und Materialien rund ums Kirchenjahr.

www.katholisch.de, speziell www.katholisch.de/101.html
Auf dieser Seite erfahren Sie alles rund um und über die katholische Kirche in Deutschland. Unter dem zweiten Link finden Sie einige Seiten zum Kirchenjahr. Hier sind Bräuche und Hintergründe erklärt, es gibt Literaturtipps und vor allem Hinweise, wie man die Feste des Kirchenjahres heute feiern kann. Zudem findet man Ideen, wie man die Vorbereitungszeiten auf die großen Feste gestalten kann (z. B. Weihnachten oder Ostern im Kloster miterleben).

www.ekd.de
Auf dieser Seite erfahren Sie alles rund um die evangelische Kirche in Deutschland. Hier gibt es eine Rubrik »Kirche für Einsteiger«, in der man zu vielen Themen Grundwissen nachlesen kann.

Unter www.ekd.de/glauben/feste/index.html finden Sie hier die Rubrik »Feste feiern«, in der es um die Stationen im Kirchenjahr geht. Neben Literaturtipps und Links gibt es kurze Artikel über Brauchtum und Herkunft der Feste sowie Ideen zur Gestaltung der Feste.

Spiritualität im Alltag

www.kloster-auf-zeit.de
Diese Seite bietet Informationen und Adressen zum Thema »Kloster auf Zeit« und »Klosterurlaub«, nicht nur in Deutschland.

www.orden.de

Hier findet man neben vielen anderen Angeboten und Informationen rund um das Kloster- und Ordensleben unter dem Stichwort »Kloster auf Zeit« Adressen von Klöstern, die das im Angebot haben, aber auch von solchen Häusern, in denen man Klosterurlaub machen kann.

Geistliche Begleitung

www.geistlichebegleitung.de

Dies ist eine private Website, die neben Hintergrundinformationen zum Thema auch Adressen bietet, an die man sich wenden kann, wenn man geistliche Begleitung in Anspruch nehmen möchte.

Zum Thema »Geistliche Begleitung« finden Sie auf der Homepage (fast) jeder Diözese Informationen und Adressen, an wen Sie sich vor Ort wenden können.

www.exerzitien.info

Exerzitien sind eine Form von geistlicher Begleitung und haben in den letzten Jahren wieder zunehmend an Bedeutung gewonnen. Für ganz Deutschland ist die Website der Arbeitsgemeinschaft der Deutschen Diözesanen Exerzitiensekretariate (= ADDES) die Anlaufstelle, um neben Adressen auch weitere Informationen zu Thema zu bekommen.

Die Bibel

www.bibelserver.com
www.bibel-online.de
www.diebibel.de
www.ekd.de/bibel/bibel.php

www.dbg.de: Website der »Deutschen Bibelgesellschaft« in Stuttgart

www.bibelwerk.de: Website des »Katholischen Bibelwerks« in Stuttgart

www.dbg.de/navi/wir-in-deutschland/bibelzentren-in-deutschland: Hier finden Sie Adressen und Angebote sogenannter Bibelzentren in Deutschland. Neben Informationen zu Veranstaltungen und Kursen bietet die Homepage auch die speziellen Ausstellungs- und Museumsprogramme ausgewählter Bibelzentren.

Quellennachweis

S. 10, 21, 44, 49, 83: Apophthegmata patrum, auch Gerontikon oder Alphabeticum genannt. Eingeleitet und übersetzt von Bonifaz Miller, Freiburg im Breisgau 1965

S. 15: Carl Gustav Jung, Briefe, Bd. 3 © 1973 Walter Verlag, Düsseldorf, 276, mit freundlicher Genehmigung der Stiftung der Werke von C. G. Jung, Zürich

S. 18: Erik Erikson, Identität und Lebenszyklus, Suhrkamp Verlag, Frankfurt a. M., 24. Aufl 1973, 118

S. 19, 20, 21: Karlfried Graf von Dürckheim, Erlebnis und Wandlung, Scherz Verlag Bern 1983. Alle Rechte vorbehalten S. Fischer Verlag GmbH, Frankfurt am Main, 16, 20, 73, 79, 23 f.

S. 22: Abraham Maslow, Eine Theorie der Metamotivation, in: Roger N. Walsh/Frances Vaughan (Hg.), Psychologie in der Wende. Grundlagen, Methoden und Ziele der Transpersonalen Psychologie. Eine Einführung in die Psychologie des Neuen Bewusstseins, München 1985, 143–152, 143

S. 23, 44, 48, 50, 51, 52, 54, 60, 81: Evagrius Ponticus, Über das Gebet. © Vier-Türme GmbH, Verlag, Münsterschwarzach; Evagrius Ponticus, Praktikos. Übersetzung und Einleitung von John Eudes Bamberger, Münsterschwarzach 1986

S. 26: Marc Oraison, Zwischen Angst und Illusion. Christliche Existenz in tiefenpsychologischer Sicht, Freiburg im Breisgau 1960, 190

S. 26: Carl Gustav Jung, Gesammelte Werke, Bd. 5 © 1952/ 1973 Walter Verlag, Düsseldorf, 391, mit freundlicher Genehmigung der Stiftung der Werke von C. G. Jung, Zürich

S. 30: aus: Carl Gustav Jung, Erinnerungen, Träume, Gedanken. Aufgezeichnet und herausgegeben von Aniela Jaffé, Walter Verlag, Düsseldorf und Zürich, 13. Auflage 2003, 145

S. 32: Carl Gustav Jung, Zur gegenwärtigen Lage der Psychotherapie © 1934/1974 Walter Verlag, Düsseldorf, in: Ders., Mensch und Seele. Aus dem Gesamtwerk 1905–1961, Düsseldorf 1984, 120, mit freundicher Genehmigung der Stiftung der Werke von C. G. Jung, Zürich

S. 36: Josef Rudin, Psychotherapie und Religion. Seele, Person und Gott, Olten 1960, 161